JN110811

駅からウォーキング 関西

CONTENTS

表紙写真：右から時計回りに、追分道標、箕面大滝、
大阪城、石光寺、明山窯の登り窯、伏見稲荷、
郡山城跡、六甲ケーブル、信楽焼のタヌキ

ヤマブキ咲く松尾大社

京阪沿線
叡山電鉄・京都市営地下鉄

宇治の朝霧橋

堅田の浮御堂

JR沿線
近江鉄道
信楽高原鉄道

本書の使い方

本書は、関西周辺の鉄道の駅をスタート・ゴールにした、50 のウォーキングコースを紹介する案内書です。町歩きから、ハイキング、水辺ウォーク、街道・古道歩きなど、歩くとともに自然や歴史を感じることができるコースを取り上げています。また、コースの途中で足を延ばしたり、グルメや手土産を探す楽しみもあります。どこでも好きなコースから歩き始めてください。

- ●本書のデータは 2021 年 8 月現在のものです。料金、営業時間などは、季節により変更になる場合が多くあります。お出かけの際には、あらかじめご確認ください。
- ●定休日については、年末年始・盆休み・ゴールデンウイークなどを省略しています。
- ●本書掲載の利用時間は、原則として開館〜閉館です。入館時間は通常、閉館時刻の 30 分〜 1 時間前ですのでご注意ください。

チャート

コースの通過ポイントと歩行時間を掲載しています。通過ポイントは本文と地図に対応しています。歩行時間は時速 4km（平地の場合）を目安に、四捨五入などして 5 分単位で表しています。計画の際には、休憩や施設の見学、食事などに費やす時間をプラスしてください。コースを逆にとる場合は時間が変わることがあります。

歩行時間／歩行距離／歩数

コースの歩行時間や歩行距離です。ただし、施設や公園内での歩行距離や歩行時間は含まない場合もあります。歩数は男女差、個人差があるので、あくまでも目安としてお使いください。本書では、平地の場合 1km で約 2000 歩を基準とし、高低差がある場合は多めに調整しています。ハイキングコースの山道などでは、距離や歩数よりも歩行時間を参考にしてください。

- ●紹介コースは自然災害や工事等で道の状況が大きく変わることがあります。特にハイキングコースにお出かけの際は、必ず現地状況をご確認ください。

出発駅

紹介コースの出発点となる駅、鉄道会社名、路線名を表示しています。地図や本文中では、他に利用できる駅についても紹介しています。

コースナンバー

35
京阪京津線
京阪山科駅
けいはんやましな
KEIHAN YAMASHINA

琵琶湖疏水 京都
びわこそすい
疏水沿いの快適な散策路で毘沙門堂へ
途中から山を登り下りして南禅寺まで

歩行時間
約2時間30分

歩行距離
約9km

歩数
1万9000歩

スタート	①	②	③	④	⑤	⑥	⑦
京阪山科駅	諸羽神社	毘沙門堂	山ノ谷橋	七福思案処	インクライン	南禅寺水路閣	琵琶湖疏水記念館
	15分	15分	40分	30分	20分	10分	10分

134

アクセス
行き：淀屋橋駅→京阪本線→三条駅→歩5分→京都市営地下鉄東西線→御陵駅→京阪京津線→京阪山科駅(1時間)　帰り：蹴上駅→京都市営地下鉄東西線→三条京阪駅→徒歩5分→三条駅→京阪本線→淀屋橋駅(55分)

問い合わせ先
京都市観光協会
☎075-213-1717

駅周辺情報
京阪山科駅に近接してJRと京都市営地下鉄東西線の山科駅がある。駅前には大きな商業施設やコンビニなどがあり便利。蹴上駅周辺に店はほとんどない。

アクセス

鉄道各社の起点となる駅と、スタート地点およびゴール地点の駅を結ぶ交通情報です。原則、大阪中心部からのアクセスです。
※乗車時間は曜日・時間により変わります。

問い合わせ先

コースのある市区町村の観光問い合わせ先です。ウォーキングの際に事前にご確認ください。

アイコン

📷:見　る　　🎁:買　う
🍴:食べる　　♨:温　泉

立ち寄りスポット

コース途中、または周辺にある資料館、食事処、土産物屋、観光施設、日帰り入浴施設などを紹介しています。

▲山科地蔵を祀る徳林庵の六角堂

▲疏水沿いの散策路から山科の街を見渡す

▲四季折々の花が咲く日向大神宮の外宮

▲朱色鮮やかな毘沙門堂の本堂

▲七福思案処の京都一周トレイル道標

▲インクラインのレール沿いに桜が咲く

35
琵琶湖疏水

立ち寄り S P O T

🍴 **ブルーオニオン**
ぶるーおにおん

松尾大社駅の近くにある、地元の人に長年愛されている雰囲気のよい喫茶店。素敵なカップでいただくおいしいコーヒーとゼリーと一緒に味わいたいのが、熱々フワフワの玉子サンドと、ジューシーで分厚いカツサンド。どちらもボリューム満点で大満足だ。
☎075-882-8050。9〜22時、木曜休

🍴 **苔乃茶屋**
こけのちゃや

西芳寺へ向かう道沿いにある、昔ながらの門前茶屋。名物の門前とろろそばは1100円で、丹波篠山産のツクネ芋のすりおろしに玉子をおとして青のりをふりかけ、月夜の苔寺をイメージしている。とろろ麦ご飯セット1400円や甘酒などもある。
☎075-381-3191、9時30分〜16時30分、無休

松尾周辺

本文

京阪山科駅を出て山科駅前交差点から旧海道を歩き始める。京都六地蔵の一つで海道の守護仏である山科地蔵を拝したら、少し引き返して諸々神社の石居をくぐる。北上して高架下を抜けると毘沙門堂が見えてくる。鳥居の手前の小径を上ると公園があり、左へ進むとすぐに疏羽トンネルから出てくる琵琶湖疏水と合流する。ここから歩く疏水沿いの散策路は、秋に紅葉の並木が美しく快適だ。

安朱橋まで来られて疏水を離れ、北上して仁王門をくぐると、近年修復されて再び往時の鮮やかな色彩が蘇った本堂がある。秋は紅葉の名所としても知られ、宸殿前の樹齢150年を超える枝垂れ桜が見事だ。参道を下り、山科聖天へ向かう道のガードレール手前から下り下りて小さな橋を渡る。住宅地を抜けると安祥寺川沿いの土道になり、やがて疏水沿いの散策路に戻る。

道はゆるやかなカーブを繰り返し、JRの線路に近づくあたりで山科の市街が一望できる。本圀寺への参道である朱色の正嫋橋

を越えて歩き続ける。やがて疏水は第2トンネルへ入るが、手前に小さな**③山ノ谷橋**を渡って東屋のある広場へ。右手の道の先には永興寺があるが、正面の細い山道へ進む。

小川沿いの道を上っていくと、左手に丸太の小橋があり、気付かず直進すると毘沙門堂方面に行ってしまうので注意しよう。橋を渡ると急斜面が待っているが、きつい道はそれほど続かない。鉄塔の横を通り過ぎて、何本もの山道が交差する**④七福思案処**に着く。京都一周トレイルの標識「東山38」に従い、歩きやすい右手のルートを歩こう。木の根が露出した山道を下って、開運厄除の天岩戸の前を過ぎると、日向大神宮の内宮の前に出る。「京の伊勢」と称され

Data

● **毘沙門堂** ☎075-581-0328。9〜17時(12〜2月は16時30分)。境内自由、宸殿拝観500円
● **日向大神宮** ☎075-761-6639。拝観自由
● **南禅寺** ☎075-771-0365。8時40分〜17時(12〜2月は〜16時30分)。12/28〜31休。方丈庭園600円、三門500円、南禅院400円
● **琵琶湖疏水記念館** ☎075-752-2530。9〜17時、月曜休(祝日の場合は翌日)、無料

135

スタート/ゴール

コースのスタート、ゴールとなる駅です。

駅周辺情報

スタートおよびゴールの駅やその周辺情報。

Data

コース途中または周辺で、見どころとなる施設などの連絡先、開館時間、定休日、料金などを掲載しています。「立ち寄りスポット」も合わせて参照してください。

コメント

観光物件に関することやコース上の注意点、ポイントなどの付加情報です。

赤い点線

紹介しているメインルートです。(青い点線はサブルート)

通過ポイント

コースの目安となる通過ポイントです。チャートや本文と対応しています。

鉄道路線＆駅名索引図

凡例:
- **1** スタート駅
- **1** ゴール駅
- 新幹線
- JR
- 六甲ケーブル
- 近鉄
- 阪急電鉄
- 阪神電鉄
- 京阪電鉄
- 南海電鉄
- 神戸電鉄
- 能勢電鉄
- 近江鉄道
- 信楽高原鉄道
- 嵐電
- 叡山電鉄
- 大阪メトロ
- 京都市営地下鉄
- 神戸市営地下鉄

福知山

JR 福知山線

兵庫県

妙見口 12 12

能勢電鉄妙見線

武田尾 41

箕面 4 4

清荒神 2　中山観音 2　池田 1 1

生瀬 41　宝塚　川西能勢口

箕面線

石橋阪大前

阪急宝塚線

江坂

甲陽園 3

新大阪

苦楽園口 3

阪急甲陽線

阪急神戸線

西中島南方 29

有馬温泉 14 14

夙川

六甲山上 16 16

梅田

大阪梅田

六甲ケーブル

六甲ケーブル下

今津 13

大阪　大阪梅田

神戸電鉄有馬線

谷上

西宮 13

阪神本線

大阪メトロ御堂筋線

淀屋橋 2

粟生

神戸電鉄粟生線

住吉

西神中央

新神戸 17

神戸三宮 17

大阪難波

JR 難波

鈴蘭台 15

神戸三宮

JR 山陽本線

元町

なんば

西明石

神戸 15

山陽新幹線

神戸市営地下鉄西神・山手線

新開地

南海本線

須磨

大阪湾

堺東 28

三国ヶ丘

堺

百舌鳥 28

羽衣

JR 阪和線

鉄道情報問い合わせ先

阪急
阪急電鉄交通ご案内センター
☎06-6133-3473
9〜22時（土・日曜、祝日は〜19時）

阪神
阪神電気鉄道 運輸部営業課
☎06-6457-2258
9〜17時（土・日曜、祝日を除く）

京阪
京阪電車お客さまセンター
☎06-6945-4560
9〜19時（土・日曜、祝日は〜17時）

近鉄
近鉄電車テレフォンセンター
☎050-3536-3957
8〜21時

南海
南海テレホンセンター ☎06-6643-1005
8時30分〜18時30分

JR西日本
JR西日本お客様センター
☎0570-00-2486
6〜23時

神戸電鉄
神鉄グループ総合案内所
☎078-592-4611
7〜20時（日曜・祝日は9〜18時）

嵐電
嵐電鉄道部運輸課 ☎075-801-2511
9時〜17時30分（土・日曜、祝日を除く）

叡山電鉄
鉄道部運輸課 ☎075-781-5121
9〜17時

能勢電鉄
鉄道事業部鉄道営業課
☎072-792-7716
9時〜17時30分（土・日曜、祝日を除く）

近江鉄道
鉄道部 ☎0749-22-3303
8時30分〜17時30分（土・日曜、祝日を除く）

信楽高原鉄道
☎0748-82-3391

神戸市営地下鉄
お客様サービスコーナー
☎078-321-0484
8〜20時

六甲ケーブル
六甲山上駅
☎078-891-0222

大阪メトロ
案内コール
☎06-6582-1400
8〜21時

京都市営地下鉄
京都市交通局（太秦天神川）
☎075-863-5200
7時30分〜19時30分

阪急嵐山線　　　　　　　ＪＲ長浜駅前　　　　　　叡山電鉄鞍馬駅

阪急・阪神沿線

01
阪急宝塚線

池田駅
いけだ
IKEDA
◀　　▶

池田・五月山 <大阪>
いけだ・さつきやま

展望抜群の近郊ハイキング
個性豊かなミュージアム巡りも

▲秀望台より猪名川が流れる大阪平野を望む

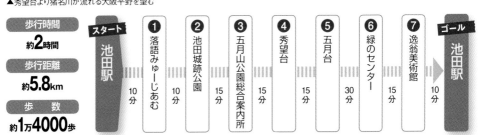

歩行時間	約**2**時間
歩行距離	約**5.8**km
歩 数	約1万**4000**歩

スタート 池田駅 — 10分 — ❶落語みゅーじあむ — 10分 — ❷池田城跡公園 — 15分 — ❸五月山公園総合案内所 — 15分 — ❹秀望台 — 15分 — ❺五月台 — 30分 — ❻緑のセンター — 15分 — ❼逸翁美術館 — 10分 — **ゴール** 池田駅

アクセス
行き：大阪梅田駅→阪急宝塚線急行→池田駅（18分）
帰り：往路を戻る
＊神戸線・京都線の乗換駅、十三駅から急行で15分

問い合わせ先
池田市観光協会
☎072-750-3333
池田市空港・観光課
☎072-754-6244

駅周辺情報
池田駅の駅ビルは喫茶店や和菓子店など店が多く、駅周辺にも商店街のほか、飲食店、大型店などが立ち並んでいる。

▲五月山公園案内所裏から大文字コースへ

▲道標に従いひょうたん島コースへ

▲五月台からは川西市街と猪名川上流が見渡せる

　大阪から電車で約20分、池田市の中心にある五月山は、桜とツツジの名所として知られ、手軽なハイキングコースも充実している。また、山麓に池田城が築かれ、8本の旧街道が交差する北摂の交通の要衝として栄えた池田は、古い町並み歩きやミュージアム巡りなど、楽しみ方の多い街だ。

　池田駅前から山手に延びるサカエマチ商店街は、ドラマの舞台になった商店街としても知られている。アーケードを通り抜けて左折し、ほんまち通りへ入る。かつて大阪と能勢を結ぶ能勢街道として賑わった通りで、右手に❶落語みゅーじあむがある。『池田の猪買い』など、古典落語の舞台になっている「落語のまち池田」ならではの、市立の上方落語資料展示館だ。道路の向かいには福の神のビリケン像や、平成22年に41年ぶりに復活した大衆演劇場の池田呉服座がある。路地に入り、古い町並みが残る旧市街を歩く。かつて「酒の町」として栄え、最盛期の元禄時代には38軒もあった造り酒屋が、今は2軒残っている。吉田酒造と池田有数の商家だった稲束家住宅はともに登録

有形文化財だ。

　狭い路地に入って府道9号を越え、約90段の階段を上って❷池田城跡公園へ。室町～戦国時代に池田周辺を支配した池田氏の居城跡地に整備された公園で、櫓風展望休憩舎に上ると、南の池田市街地から北の五月山まで360度のパノラマビューが楽しめる。東門から出てふれあい橋を渡り、五月山公園へと向かう。途中、池田氏の菩提寺である大広寺に寄るのもよい。公園内には池田市のマスコットであるウォンバットが

Data

●落語みゅーじあむ　☎072-753-4440、11～19時、火曜休、無料(落語会などは木戸銭が必要)
●池田呉服座　☎072-752-0529、昼の部13時～・夜の部17時30分～、月末日休(不定休あり)、2000円
●池田城跡公園　☎072-753-2767、9～19時(11～3月は～17時)、火曜休(祝日の場合は翌日)、無料
●五月山公園総合案内所　☎072-751-3070(公園管理センター)、9～17時、火曜休(公園は無休)。動物園は9時15分～16時45分、火曜休(祝日の場合は翌日)、無料
●緑のセンター　☎072-752-7082、9～17時、火曜休(祝日の場合は翌日)、無料
●小林一三記念館・逸翁美術館　☎072-751-3865、10～17時、月曜休(祝日の場合は翌日)、記念館300円・美術館700円(展覧会期間以外は展示室閉室)
●池田文庫　☎072-751-3185、10～17時、月曜休(祝日の場合は翌日)、無料

▲ユニークな落語みゅーじあむ

▲全国的に知られる呉春酒造

▲眺めがよい池田城跡公園の櫓風展望休憩舎

▲緑のセンターの庭園でひと休み

▲逸翁美術館はカフェのみの利用も可能

いる五月山動物園があり、家族連れで賑わっている。売店を併設する❸**五月山公園総合案内所**でハイキングマップをもらおう。標高約315mの五月山には自然を満喫できるハイキングコースが何本もあり、今回は大文字コースを上っていく。

　山道を一気に❹**秀望台**まで上ると、目の前に大阪平野が広がり、猪名川にかかるビッグハープもよく見える。ドライブウェイを横切り、再び山道に入って❺**五月台**へ。ここからは川西市と猪名川上流が見渡せ、ドライブで立ち寄る人も多い。林間の気持ちよい自然とのふれあいコースから、ひょ

うたん島コースへ入っていく。途中の小さな展望台から蛇行した道を下ると❻**緑のセンター**があり、花が咲く庭園はハイキングの後に休憩するのにちょうどいい。

　住宅街を南下し、阪急・東宝グループの創始者の軌跡を紹介する小林一三記念館へ。併設の邸宅レストランも人気だ。近くに小林翁が収集した美術工芸品約5500点を所蔵する❼**逸翁美術館**があり、年数回の企画展を開催している。隣には小林翁が設立した演芸・文芸関係の資料を所蔵する池田文庫がある。能勢街道を歩いてサカエマチ商店街に戻り、**池田駅**へ向かう。

立ち寄り **SPOT**

🍴 吾妻
あづま

元治元年（1864）創業の大阪最古のうどん屋と言われている。谷崎潤一郎の妻が来店した際に『細雪』より名をもらったという名物のささめうどん750円は細麺にあんかけのだし、塩昆布とおろし生姜がきいて体が温まる。
☎072-751-3644、10時30分〜17時30分、火曜休（不定休あり）

📷 カップヌードルミュージアム 大阪池田
かっぷぬーどるみゅーじあむ　おおさかいけだ

世界初のインスタントラーメン誕生の地、池田市にある記念館。オリジナルのカップヌードル作りが人気だ（1食400円、予約不要）。ラーメンを手作りするチキンラーメンファクトリーは要予約（☎072-751-0825、800円）。
☎072-752-3484、9時30分〜16時、火曜休（祝日の場合は翌日）、無料

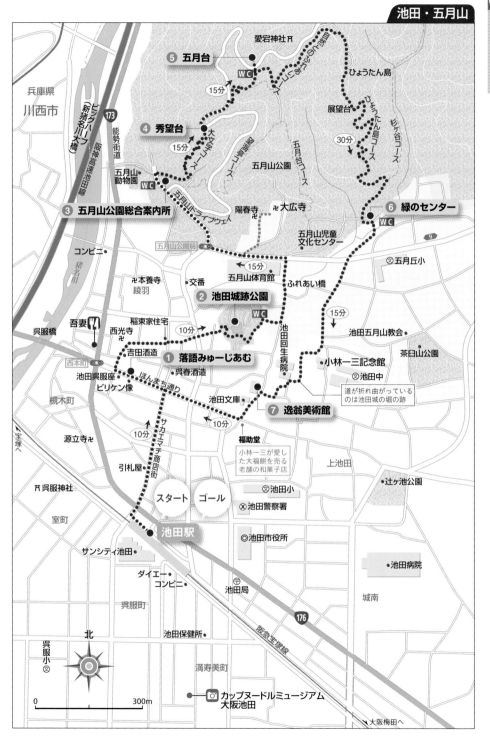

愛宕神社 ⛩

⑤ 五月台

WC

ひょうたん島

15分

展望台

ひょうたん島コース

秀望台

杉ヶ谷コース

15分

大文字コース

30分

兵庫県

川西市

173 能勢街道

阪神高速池田線

ビッグハープ(新猪名川大橋)

五月山動物園

WC

五月山ドライブウェイ

五月山公園コース

③ 五月山公園総合案内所

陽春寺 卍

卍 大広寺

五月台コース

五月山公園前

五月山児童文化センター

⑥ 緑のセンター

WC

9

コンビニ

卍本養寺

綾羽

交番

五月山体育館

ふれあい橋

15分

⊗ 五月丘小

② 池田城跡公園

WC

池田回生病院

15分

池田五月山教会

茶臼山公園

猪名川

吾妻

呉服橋

稲束家住宅

西光寺 卍

10分

小林一三記念館

⊗ 池田中

⊗ 池田

道が折れ曲がっているのは池田城の堀の跡

西本町

吉田酒造

① 落語みゅーじあむ

宝塚へ

池田呉服座

ビリケン像

槻木町

ほんまち通り

呉春酒造

池田文庫

⑦ 逸翁美術館

10分

源立寺 卍

サカエマチ商店街

10分

引札屋

⛩ 呉服神社

室町

スタート

ゴール

福助堂

小林一三が愛した大福餅を売る老舗の和菓子店

上池田

辻ヶ池公園

⊗ 池田小

⊗ 池田警察署

サンシティ池田

ダイエー・コンビニ

池田駅

◎ 池田市役所

〒 池田局

池田病院

城南

呉服町

176

阪急宝塚線

呉服小 ⊗

北

0   300m

池田保健所

満寿美町

カップヌードルミュージアム大阪池田

← 大阪梅田へ

02
阪急宝塚線

中山観音駅
なかやまかんのん
NAKAYAMAKANNON
◀ ▶

中山寺奥之院
なかやまでらおくのいん

兵庫

西国観音霊場札所から山上の奥之院へ
門前町で賑わう清荒神へ山を下る

▲中山寺から奥之院までの十八丁（約2km）の間に丁石とお地蔵さんが立っている

歩行時間		歩行距離		歩数	
約2時間25分		約7.6km		約1万8000歩	

スタート 中山観音駅
― 5分 →
① 中山寺本堂
― 40分 →
② 夫婦岩園地
― 30分 →
③ 中山寺奥之院
― 10分 →
④ やすらぎ広場
― 10分 →
⑤ 砂防ダム
― 30分 →
⑥ 清荒神清澄寺
― 20分 →
ゴール 清荒神駅

アクセス

行き：大阪梅田駅→阪急宝塚線急行→中山観音駅（27分）
帰り：清荒神駅→阪急宝塚線急行→大阪梅田駅（33分）

問い合わせ先

宝塚市観光企画課
☎0797-77-2012

駅周辺情報

中山観音駅は南口にロータリーがあり、バスやタクシーの乗り場があるが、中山寺へは北口を利用。北口には喫茶店や食事処がいくつかある。**清荒神駅**と清荒神を結ぶ参道沿いはみやげ物店などが並び縁日には賑わう。

▲豊臣秀頼が再建した中山寺の本堂

▲朱色鮮やかな中山寺奥之院

▲眺めのよい夫婦岩展望所

▲火の神・台所の神の清荒神清澄寺

▲下りは足場の悪いところもあるので注意

　西国三十三所観音霊場の第24番札所である中山寺は安産祈願の寺としても知られ、一年中参拝者の絶えない名刹。背後の山上には奥之院があり、清荒神へ下りる人気のハイキングコースがある。

　中山観音駅（なかやまかんのんえき）の北口から出て歩き始めると、すぐに中山寺の山門に着く。聖徳太子創建と伝わる古刹で、広い境内には数多くの堂塔が並ぶ。正面奥に伽藍を構える**❶中山寺本堂**（なかやまでら・ほんどう）への石段横には、妊婦さんや年配の参拝者に配慮し、エスカレーターも備えつけられている。梅の名所としても知られ、境内の西側にある中山観音公園に1000本もの梅林があり、3月上旬～下旬頃は斜面を梅の花が覆いつくす。

　本堂左手の信徒会館の前を通り、奥之院への参道へ。奥之院までは十八丁（約2km）で、丁石を目安に石段や山道をゆっくり上っていく。十丁石の立つ**❷夫婦岩園地**（めおといわえんち）に着いたらひと息入れよう。東屋のある展望所からは大阪平野方面が見渡せ、大きな夫婦岩のあるところからは六甲方面の眺めがよい。

　中山最高峰への分岐、厄神明王聖徳太子御修行の地を過ぎれば、やがて**❸中山寺奥之院**（なかやまでらおく・のいん）に到着する。近年建て替えられた新しい拝殿の左手奥には「大悲水」とよばれる清水が湧き出ている。

　道標を頼りに進み、突き当たりを左折すると**❹やすらぎ広場**（ひろば）がある。このまま直進して広い砂利道から住宅街を通る歩きやすいコースもあるが、広場内の散策路を進んでいく。林道を左折し、**❺砂防ダム**（さぼう）の先で道標に従い右手の山道に入る。小橋やロープを使うような岩場もあるので、足元に気を付けながらゆっくり下ろう。大林寺横の急な階段を下り、駐車場前を左折する。

　❻清荒神清澄寺（きよしこうじんせいちょうじ）の山門をくぐると、正面奥に本堂があり、左手の石段上には荒神さまをまつる天堂（拝殿）がたたずむ。清荒神から駅への参道には数多くのみやげ物店や食事処が立ち並び、門前町の賑わいを楽しみながら**清荒神駅**（きよしこうじんえき）へ向かう。

Data

- ●中山寺　☎0797-87-0024、境内自由
- ●中山寺奥之院　境内自由
- ●清荒神清澄寺　☎0797-86-6641、境内自由

観音茶屋
かんのんちゃや

中山寺本堂の西側にある信徒会館に付属する食事処で、うどんやそばのメニューが多い。観音うどん・そば定食のほか、ぜんざいや抹茶セットなどもある。本堂へと続くエスカレーター横にはお休み処の「梵天」もあり、こちらは喫茶や軽食が中心。
10時15分～16時頃、不定休

鉄斎美術館
てっさいびじゅつかん

清荒神本堂裏手にある聖光殿には、明治・大正期の文人画家として知られる富岡鉄斎の作品が展示されている。清澄寺の第37世法主光浄和上は鉄斎と交流があり、晩年の作品を中心に絵画・書など1200余点が収蔵されている。
☎0797-84-9600、10時～16時30分、月曜休（祝日の場合は翌日、夏・冬期休館あり）、300円

中山寺奥之院

苦楽園口駅
くらくえんぐち
KURAKUENGUCHI
◀ ▶

甲山周辺
かぶとやましゅうへん

兵庫

たおやかな甲山の裾野に広がる
展望のよい自然公園をハイキング

▲北山貯水池から望む甲山。独特のフォルムが美しい

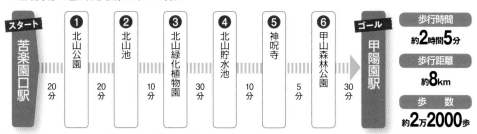

スタート
苦楽園口駅

❶ 北山公園
20分

❷ 北山池
20分

❸ 北山緑化植物園
10分

❹ 北山貯水池
30分

❺ 神呪寺
10分

❻ 甲山森林公園
5分

ゴール
甲陽園駅
30分

歩行時間
約2時間5分

歩行距離
約8km

歩数
約2万2000歩

アクセス

行き：大阪梅田駅→阪急神戸線特急→夙川駅
→阪急甲陽線→苦楽園口駅(17分)
帰り：甲陽園駅→阪急甲陽線→夙川駅→阪急
神戸線特急→大阪梅田駅(21分)

問い合わせ先

西宮観光協会
☎0798-35-3321

駅周辺情報

苦楽園口駅西側周辺にはコンビニやパン
店、弁当店などがある。甲陽園駅前にはカ
フェや洋菓子店などあり。

▲岩が露出する北山公園は北山池まできつい上り

▲よく手入れされた北山緑化植物園

▲三段に分かれた北山池

▲甲山の中腹にある神呪寺は眺望も抜群

▲川沿いの夙川上流緑道

　カブトのような形をした標高309mの甲山。周辺一帯のなだらかな丘陵地は、緑豊かな公園や歴史ある寺などが点在する魅力的なハイキングエリアだ。四季折々に美しい自然を満喫しながら歩いてみよう。

　苦楽園口駅の東側を流れる夙川は、桜の名所。花見の時期なら約1km下流の夙川駅から歩き始めるのもいい。阪急の線路をくぐるあたりから夙川上流緑道が整備され、川沿いの快適なウォークが楽しめる。

　銀水橋までくると横断歩道を渡り、**❶北山公園**へ入る。小さな水分谷橋を渡って、階段の左横の道を川沿いに進む。大きな花崗岩がごろごろする道に入り、ぐんぐん上っていくと、三段に分かれた**❷北山池**に着く。池の周囲を歩いて一番上の段まで行くと広場があり、ここから西へ進んで**❸北山緑化植物園**へ。バラ花壇や展示温室、日本庭園のある北山山荘など

▲甲山森林公園の展望台も眺めがよい

があり、季節の花が迎えてくれる。

　植物園の駐車場を奥へ進み、再びハイキングコースに入る。梅林を過ぎて北上し、**❹北山貯水池**の南西端に出る。広々とした池の向こうに甲山がきれいに見える。池沿いに歩いて車道に合流し、東へ進むと弘法大師ゆかりの古刹である**❺神呪寺**。長い階段を上った境内の展望所は眺望が抜群で、大阪平野から神戸方面まで一望できる。背後の甲山山頂までは、本堂右横から片道15分ほど。開けた広場だが眺望はよくない。

　寺から車道を少し下ると、**❻甲山森林公園**の入口がある。緑豊かな広い園内には遊歩道が整備され、噴水や彫刻、眺めのよい展望台などがある。

　車道に戻って下り、「大師道」の石碑が立つ交差点を右折し甲陽園通りへ。道なりに下っていくと、**甲陽園駅**に着く。

Data

●北山緑化植物園　☎0798-72-9391、園内自由。施設などは10〜16時、水曜休（祝日の場合は翌日）
●神呪寺　☎0798-72-1172、境内自由
●甲山森林公園　☎0798-73-4600、園内自由

立ち寄り|**SPOT**

🏠 ツマガリ甲陽園本店
つまがりこうようえんほんてん

宝塚、芦屋、西宮と洋菓子店が多い街で人気の高い店。焼菓子や本店のみ販売の生ケーキを買い求める人が後を絶たない。2階のカフェKabutoyama（☎0798-71-2334、10時〜18時30分）で生菓子が食べられる。

☎0120-221-071、8時30分〜17時、水曜・第3月曜休（祝日の場合は翌日）

📷 越木岩神社
こしきいわじんじゃ

「甑岩」という巨岩をご神体として祀る古社。創建は不明で、有史以前からの古代信仰の対象である磐境・磐座があり、学術上も貴重な存在。住宅街の中ながら天然記念物の森に覆われ、霊験あらたかなパワースポットとして今もお崇敬を集めている。

☎0798-31-0009、境内自由

甲山周辺

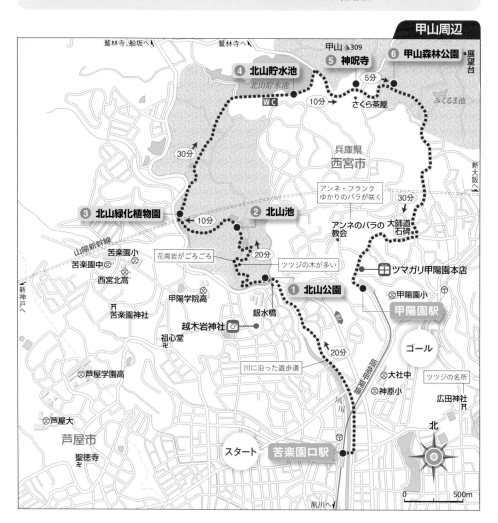

箕面大滝 （大阪）
みのおおおたき

新緑から紅葉まで楽しめる天下の名瀑
箕面の自然の中を行く快適ウォーク

▲ 「日本の滝百選」に選定されている落差33mの箕面大滝。四季折々に美しいが、とくに秋は絶景

歩行時間								
1時間50分								

歩行距離	
約5.5km	

歩 数	
約1万1000歩	

スタート 箕面駅	❶ 一の橋	❷ 音羽山荘	❸ 箕面公園昆虫館	❹ 瀧安寺	❺ 唐人戻岩	❻ 箕面大滝	ゴール 箕面駅
5分	3分	7分	5分	25分	10分	55分	

🚌 アクセス

行き：大阪梅田駅→阪急宝塚本線急行→石橋
阪大前駅→阪急箕面線→箕面駅(26分)
帰り：往路を戻る

問い合わせ先

箕面市観光案内所
☎072-723-1885

🏠 駅周辺情報

箕面駅周辺には飲食店をはじめスーパーマーケットやコンビニも多く、行きの買い出しや帰りの食事には困らない。グルメ自慢の店も数あるので目的の一つにできる。

▲箕面温泉スパーガーデン

▲箕面公園昆虫館の横、渓流沿いの道を行く

▲朱塗りの瑞雲橋を渡ると瀧安寺境内

▲滝道沿いには老舗旅館の音羽山荘などが

▲「みのお弁財天」で親しまれる弁天堂

　名瀑・箕面大滝を擁する明治の森箕面国定公園は、大阪の人たちにとっては最も身近な行楽地の一つである。箕面駅から箕面大滝へと続く2.7kmの道は、ゆっくり歩いても1時間弱。道は舗装されており、ゆるやかな坂道が続くため、誰でも気軽にハイキングを楽しむことができる。四季を通してハイカーが絶えないが、秋の紅葉時は大混雑となる。ゆっくりと歩きたい向きには、山桜を見ながらの早春や、若葉青葉が目に眩しい初夏の方がオススメかもしれない。

　また、沿道には名物の「もみじの天ぷら」を店先で揚げているみやげ物店や、歴史ある建物を生かしたカフェやレストランなども点在している。香り高い止々呂美の「実生ゆず」を使った商品も多く見られ、ただ歩くだけではなく、アフターウォークの楽しみも多い。

　箕面駅からはみやげ物店の店先を人の流れに沿って進む。左手の高台には箕面温泉スパーガーデンが見える。❶一の橋から先の渓谷沿いの道は適度な日照と湿気により、シダ類の宝庫になっている。沿道には大正

レトロな木造建築の❷音羽山荘などの旅館もあり、なんとなく趣深い道である。

　❸箕面公園昆虫館を横目に見ながら進み、朱塗りの瑞雲橋を渡った先が❹瀧安寺。寺伝によれば白雉元年（650）に役行者が箕面大滝の下に堂を建て、本尊の弁財天を祀って箕面寺としたのが始まりとされている。「みのお弁財天」とよばれ親しまれ、芸能の寺としてもよく知られている。また、富くじ発祥の寺ともいわれる。

　瀧安寺からは谷を見下ろしながら、「滝道」とよばれる快適な遊歩道を行くと次第に渓

▲滝道はよく整備されていて歩きやすい

▲大きな岩が道を塞ぐようにそびえる唐人戻岩

▲沿道には名物もみじの天ぷらの売店が並ぶ

▲揚げたてはほのかな香りと甘さで結構イケル

▲涼感たっぷりの名瀑。青葉若葉の頃も格別

谷の様相になる。大門橋にさしかかるところにある2つの大きな岩が❺**唐人戻岩**。昔、唐の貴人が箕面大滝の評判を聞きこの巨岩まで来たが、山道の険しさに恐れをなし引き返したとの伝説があり、この名が付いたといわれている。

戻り岩橋を渡ると、名物のもみじの天ぷらを揚げている茶店が続く。さらに上っていくと朱塗りの滝見橋の奥に❻**箕面大滝**が見えてくる。

流れ落ちる姿が農具の「箕」に似ていることからこの名でよばれるようになり、地名もこれに由来しているといわれる。春は新緑のモミジが映え、夏はクールスポットとして、秋は燃え立つような真っ赤な紅葉が滝を引き立て、冬は雪化粧の滝が清冽だ。「日本の滝百選」に選定されており、落差33m、水量も豊かで清涼感たっぷり。さすがは天下の名瀑である。

ここから来た道を**箕面駅**まで引き返す。もう少し歩きたい人は政ノ茶屋園地まで足を延ばして見るのもいい（30分）。東京の高尾を東の起点とする東海自然歩道の西側の起点を示す道標が立っており、ここから西国三十三所23番札所の勝尾寺へと向かう定番のハイキングコースがある。

▲東海自然歩道の起点、政ノ茶屋園地

Data

●瀧安寺 ☎072-721-3003、10〜16時

立ち寄り｜S｜P｜O｜T

📷 箕面公園昆虫館
みのおこうえんこんちゅうかん

箕面に生息する昆虫をはじめ、国内外の昆虫の基礎知識を紹介している。さわったり、音や匂いで生態を学べるコーナーや、1年中蝶が飛んでいる放蝶園、3000点以上の標本展示など昆虫好きにはたまらない施設だ。

☎072-721-7967、10〜17時（入館は〜16時30分）、火曜休（祝日の場合は翌日）、280円

🍴 みのお山荘 風の杜 カフェ山帰来
みのおさんそう かぜのもり かふぇさんきらい

箕面の自然に包まれ、大阪平野が一望できる宿として有名だが、カフェは一般客も利用できる。ウッドデッキが遊歩道のように延びており、眺望も抜群。人気のクロックムッシュなどランチは予約なしでも気軽に利用できる。

☎072-722-2191、10〜16時（土・日曜・祝日は〜17時）、火・金曜休

箕面公園

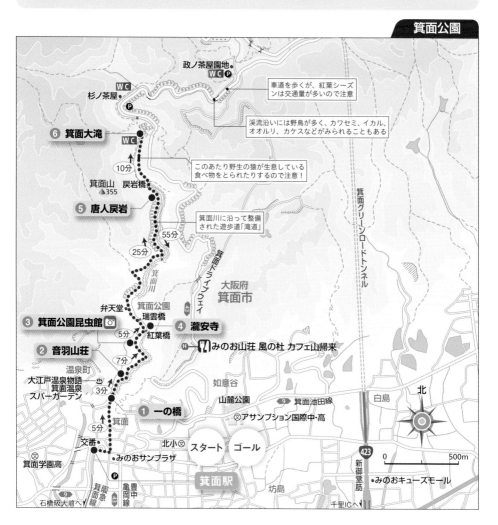

政ノ茶屋園地 WC P

車道を歩くが、紅葉シーズンは交通量が多いので注意

杉ノ茶屋 P

❻ 箕面大滝 WC

渓流沿いには野鳥が多く、カワセミ、イカル、オオルリ、カケスなどがみられることもある

10分

箕面山 ▲355

戻岩橋

❺ 唐人戻岩

このあたり野生の猿が生息している食べ物をとられたりするので注意！

55分

25分

箕面川に沿って整備された遊歩道「滝道」

箕面ドライブウェイ

箕面グリーンロードトンネル

大阪府箕面市

弁天堂　箕面公園　瑞雲橋

❸ 箕面公園昆虫館 📷

5分　紅葉橋

❹ 瀧安寺

❷ 音羽山荘

7分

温泉町

大江戸温泉物語 箕面温泉 スパーガーデン

🍴 みのお山荘 風の杜 カフェ山帰来

如意谷

山麓公園

❾ 箕面池田線

3分

❶ 一の橋

アサンプション国際中・高

北

箕面

5分

交番

北小

スタート　ゴール

箕面学園高

❾

みのおサンプラザ

箕面駅

423 新御堂筋

0　　　500m

みのおキューズモール

阪急箕面線

亀豊中岡線

石橋阪大前へ

千里ICへ

坊島

茨木市駅
いばらきし
IBARAKISHI
◀ ▶

茨木 （大阪）
いばらき

２人の文豪の文学記念館を訪ね
町を貫く緑の遊歩道を歩く

▲茨木童子像が立つ元茨木川緑地の遊歩道

歩行時間	スタート	❶	❷	❸	❹	❺	❻	❼	ゴール
約**1**時間**35**分	茨木市駅	虎谷誠々堂書店	茨木城櫓門	川端康成文学館	富士正晴記念館	茨木神社	桜通りモニュメント	茨木市立文化財資料館	南茨木駅
歩行距離 約**6.3**km		5分	5分	10分	15分	25分	25分	5分	5分
歩　数 約**1**万**2600**歩									

アクセス

行き：大阪梅田駅→阪急京都線特急→茨木市駅(16分)
帰り：南茨木駅→阪急京都線準急→大阪梅田駅(18分)

問い合わせ先

茨木市観光協会
☎072-645-2020

駅周辺情報

茨木市駅は構内にコンビニや喫茶店があり、駅前に商店街が広がる。**南茨木駅**周辺はスーパーなどあるが、逆コースを歩き、最後に商店街で買い物を楽しむのもよい。

▲茨木小学校にある茨木城櫓門の復元

▲川端通り沿いに立つ川端康成文学館

▲緑あふれる元茨木川緑地の遊歩道

▲富士正晴の書斎の復元

　大阪・京都の中間に位置するベッドタウンで、駅前に賑やかな商店街がある茨木市は、文豪・川端康成と富士正晴のゆかりの地でもある。南北に延びる緑の遊歩道を歩き、彼らの生き様や作品に触れる。

　茨木市駅前のロータリーを抜け、東本願寺茨木別院を通り過ぎる。茨木心斎橋商店街に入ってすぐ左手のビルに、旧制茨木中学校（現・府立茨木高校）時代の川端がよく立ち寄った❶虎谷誠々堂書店の看板が残されている。すぐに東西に延びる茨木阪急本通商店街と交わり、これを中心に小さな商店街が迷路のようにつながっている。そのまま北上して梅林寺の横を通り、茨木城の本丸跡に立つ茨木小学校へ。❷茨木城櫓門が原寸大で復元されている。

　住宅街を抜け、元茨木川緑地に出る。昭和24年に廃川となった茨木川を整備した全長5kmの緑地帯で、約7万本の樹木の間を遊歩道が通り、春は桜の名所となる。緑地帯沿いの「川端通り」と称する道路に面して❸川端康成文学館がある。日本初のノーベル文学賞を受賞した川端は3〜18歳まで茨木で過ごした。学生時代に書いた手紙や遺品、原稿、初版本など約400点を展示し、ビデオなどで生い立ちを紹介している。

　緑地の遊歩道を北上し、田中橋の交差点で左折する。❹富士正晴記念館は茨木市立中央図書館に併設されている。市内の竹林に住み、「竹林の隠者」と称された富士の原

▲茨木神社の搦手門。参道の向こうは茨木阪急本通商店街

Data

●川端康成文学館　☎072-625-5978、9〜17時、火曜・祝日の翌日休、無料
●富士正晴記念館　☎072-627-7937、9時30分〜17時、第2〜5月曜休（祝日の場合は翌々日）、無料
●茨木市立文化財資料館　☎072-634-3433、9〜17時、火曜（祝日の場合は開館）・祝日の翌日（日曜の場合は開館）休、無料

▲遊歩道沿いに花壇やモニュメントが点在する

▲茨木市立文化財資料館

▲高さ6.2mのサン・チャイルド

稿や文学資料、書画など約8万点を所蔵、書斎も復元されている。

　来た道を戻り、遊歩道を南下する。町中であるのを忘れそうな、緑あふれる道が続く。高橋の交差点に出ると、石造りの橋の欄干の四隅に、市のマスコットである茨木童子像が立っている。**❺茨木神社**の境内には豊臣秀吉が茶の湯に使ったと伝わる井戸「黒井の清水」がある。東門は茨木城の搦手門を移築したものといわれている。歩き疲れたら商店街へ戻って買い物を楽しみ、茨木市駅から帰るのもよい。

　消防署前の交差点で「川端通り」が「桜通り」と名を変え、遊歩道と交差する。消防署の裏にも茨木童子にまつわる民話の碑と像が立っている。川端が通った茨木高校を過ぎ、阪急京都線のガード下をくぐると、桜の木が増えてくる。左手にある4色の柱の**❻桜通りモニュメント**を通りすぎて約40m、右手の路地へ入る。

　JR貨物引込線の高架の手前に、**❼茨木市立文化財資料館**がある。旧石器時代〜昭和まで、市内の発掘品や古文書、民芸品など展示している。ゴールの**南茨木駅**前に、茨木市出身の現代美術家・ヤノベケンジ氏の作品「サン・チャイルド」が立っている。

立ち寄り SPOT

🎁 風月庵 南坊
ふうげつあん なんぼう

茨木別院の道路向かいにある、創業100年を超える老舗の餡メーカーが運営する和菓子店。こだわりの餡を用いた季節の和菓子は上品な甘さ。通販で全国的に人気の抹茶大福・みどり姫や、きなこ大福・きなこ姫も販売している。
☎072-624-3636、9時30分〜18時、火曜休（祝日を除く）

🍴 氷とお芋の専門店 らんらん
こおりとおいものせんもんてん らんらん

創業明治42年の氷問屋。かき氷とさつま芋スイーツが人気。看板商品の大学芋はパリッとした「飴ぽてと」、しっとりな「蜜ぽてと」の2種類。店内で芋づくしのかき氷や安納芋ソフトクリーム付きスイートポテトなどが味わえる。
☎072-638-0473、12〜19時（イートインは12時〜、変更あり）、売り切れ次第終了、水曜休（不定休あり）

茨木

④ 富士正晴記念館

茨木市立中央図書館
コンビニ
← 15分
茨木工科高
田中橋
田中町
西田中町
西田中町
上穂積
上泉町
大住町
茨木保健所
春日小
③ 川端康成文学館
元茨木川緑地
安威川
高槻へ
高槻市へ

25分
東中
保健医療センター
茨木小
10分
末広町
茨木警察署
茨木税務署
② 茨城城櫓門
春日丘高
中央公園
梅林寺
5分
スーパーマルヤス
角庄
茨木阪急本通商店街
東本願寺
茨木別院
双葉町
スタート
茨木ショップタウン
139
⑤ 茨木神社
茨木市役所
東中
茨木市駅
風月庵 南坊
イオン

茨木局
茨木駅
阪急オアシス
桜通り
消防署
茨木童子像
茨木高
① 虎谷誠々堂書店
5分

西中条町
下中条町
東中条町
新庄町
舟木町
大池小
花たちばなこども園
佐奈部神社
稲葉町

イオン
中条小
市民体育館
水尾

松ヶ本町
新中条町
25分
水尾公園

近畿自動車道
大阪モノレール
奈良町
玉水町
水尾小

新大阪へ
あやめ橋
東奈良小
玉水町

貨物線
天王
東奈良
玉櫛小
水尾
⑥ 桜通りモニュメント

北

5分
← 5分
チバ薬局
南茨木駅
サンチャイルド
⑦ 茨木市立文化財資料館
ゴール
氷とお芋の専門店 らんらん
大阪梅田へ
0   500m

天王山
てんのうざん

京都

「天下分け目」の山崎合戦
歴史の舞台をハイクし古刹や美術館へ

大山崎駅
おおやまざき
OYAMAZAKI
◀ ▶

▲天王山の旗立松展望台から京都盆地を見渡す

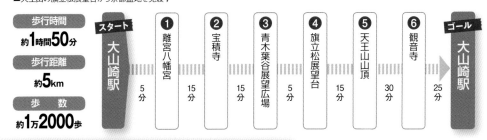

歩行時間 約1時間50分	スタート 大山崎駅	❶ 離宮八幡宮	❷ 宝積寺	❸ 青木葉谷展望広場	❹ 旗立松展望台	❺ 天王山山頂	❻ 観音寺	ゴール 大山崎駅
歩行距離 約5km		5分	15分	15分	5分	15分	30分	25分
歩 数 約1万2000歩								

アクセス

行き：大阪梅田駅→阪急京都線特急→高槻市駅→阪急京都線準急→大山崎駅（30分）
帰り：往路を戻る
＊JRのほうが便利な場合は行き帰りとも山崎駅を利用

問い合わせ先

大山崎町企画観光係
☎075-956-2101
大山崎町商工会
☎075-956-4600

駅周辺情報

大山崎駅の周辺にはコンビニ、カフェやレストランが数店ある。近くのJR山崎駅（プラットホームが京都と大阪の二府にまたがる珍しい駅）の西側にもコンビニがある。

▲山頂にある秀吉の天下取りの陶板絵図

▲観音寺は春は桜、秋は紅葉が美しい

▲天王山竹林のこみちで大山崎山荘方面へ

▲宝寺ともいわれる宝積寺に立つ三重塔

　豊臣秀吉と明智光秀が激突した「天下分け目」の天王山に登り、周辺の歴史ある寺社や美術館を訪ねよう。

　大山崎駅前を通る西国街道を西へ歩いて❶離宮八幡宮へ。平安末期に始まったエゴマ製油発祥の地で、油の神さまとして親しまれている。JRの踏切を渡り、「天王山登り口」の石碑が立つ坂道を上っていくと、秀吉の本陣が置かれた❷宝積寺に着く。境内には秀吉が一夜で建立したと伝わる三重塔が立っている。本堂の右手奥から山道に入り、急な斜面を上っていく。

　大阪平野が一望できる❸青木葉谷展望広場に、大きな陶板絵図がある。秀吉の天下取りの物語を描いたもので、コース上に全6枚設置されている。八合目付近の❹旗立松展望台からは京都盆地が見渡せ、秀吉が「千成ひょうたん」の旗印を揚げて自軍の士気を高めたと伝わる松の木の7代目がある。少し上ると道が二手に分かれ、左の石段を上ると十七烈士の墓がある。別れた道と合流した先に見えるのが自玉手祭来酒解神社。鎌倉時代の神輿庫が板倉形式としては日本で2番目に古く、重要文化財である。

　次の分岐点で左に進み❺天王山山頂へ。古くから地理的に重要で城が度々築かれ、秀吉も山崎合戦直後に築城。1年ほどで大阪城に移ったために取り壊されたが、天守台跡や井戸跡、礎石などが残っている。

　来た道を戻り、旗立松展望台の先の分岐点で左へ。ジグザグ道を下っていくと、左手に❻観音寺（山崎聖天）の門があるが、見逃しやすいので注意しよう。本堂の隣にある聖天堂の歓喜天が信仰を集め、「山崎の聖天さん」と親しまれている。少し下って右手の「天王山竹林のこみち」へ。竹林の間を歩く途中、川向こうの男山や春には背割提の桜並木が望める場所がある。舗装道路に出て坂を下り、大山崎山荘前を通りすぎて行きの道に合流、大山崎駅へ戻る。

Data

●離宮八幡宮　☎075-956-0218、境内自由
●宝積寺　☎075-956-0047、境内自由。閻魔堂のみ9〜16時、拝観料400円
●観音寺　☎075-956-0016、9時〜16時30分、第2火・水曜および第4火・水曜休、境内自由

サントリー山崎蒸溜所

さんとりーやまざきじょうりゅうしょ

ウイスキーの製造工程の見学や試飲ができる有料ツアーと、ウイスキーに関するさまざまな展示やショップ、有料のテイスティングカウンターがある山崎ウイスキー館の自由見学（無料）があり、どちらも事前に予約が必要。

☎075-962-1423（工場見学の予約受付は9時30分〜17時）、10時〜16時45分、臨時休業あり

アサヒビール大山崎山荘美術館

あさひびーるおおやまざきさんそうびじゅつかん

実業家・加賀正太郎の山荘を修復した本館と、安藤忠雄設計の地中館・山手館があり、モネの睡蓮や河井寛次郎などの作品を展示している。眺望のよいオープンカフェも人気。約5500坪の庭園が四季折々に美しい。

☎075-957-3123、10〜17時、月曜休（祝日の場合は翌日）、入館料900円

天王山

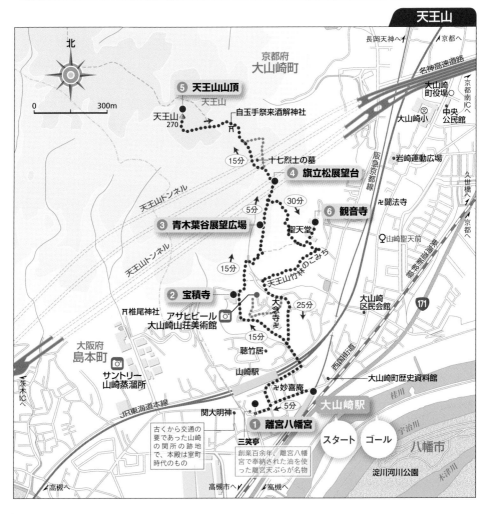

長岡京 京都
ながおかきょう

キリシマツツジ咲く長岡天満宮から
ボタン彩る乙訓寺へ花巡礼

▲樹齢百数十年のキリシマツツジが長岡天満宮の参道を埋める

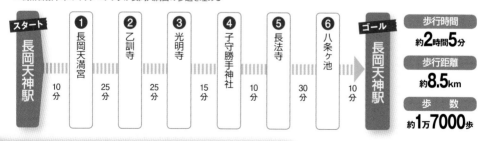

スタート	❶	❷	❸	❹	❺	❻	ゴール
長岡天神駅	長岡天満宮	乙訓寺	光明寺	子守勝手神社	長法寺	八条ヶ池	長岡天神駅
	10分	25分	25分	15分	10分	30分	10分

歩行時間
約2時間5分

歩行距離
約8.5km

歩　数
約1万7000歩

アクセス

行き：大阪梅田駅→阪急京都線特急→長岡天神駅（28分）
帰り：往路を戻る
＊JR長岡京駅は東へ約1km

問い合わせ先

長岡京市観光協会
☎075-951-4500
長岡京市観光情報センター
☎075-958-4222

駅周辺情報

長岡天神駅の西出口を出ると観光案内所、パン店やファストフード店などがある。コンビニは東出口側にある。

31

▲乙訓寺のボタンは奈良の長谷寺から2株寄進されたのが始まり

▲子守勝手神社と観音寺は同じ境内にある

▲長法寺のヤマブキは4〜5月頃が見頃

延暦3年（784年）から10年間、都が置かれた「長岡京」は歴史と自然の宝庫。西山山麓一帯には古社寺が点在し、四季折々の花々や竹林が美しい。高品質なタケノコの産地としても知られ、春はあちこちに農家のタケノコ直売店が出て、食事処では新鮮な朝掘りタケノコを味わえる。

長岡天神駅から少し南下して天神通りに入ると、正面に大鳥居が見える。石段を上ると八条ヶ池で、外周約1kmの池を二分する中堤は天満宮への参道。4月下旬頃に樹齢百数十年、高さ2.5mものキリシマツツジが燃えるように咲く。池を渡り、学問の神様・菅原道真を祀る❶長岡天満宮へ。梅の花の季節なら、社殿左手から隣接する長岡公園の梅林へ足を延ばそう。八条ヶ池に戻り、回廊のような水上橋を歩く。池の西側にはアヤメやハスなどが植えられている。

道路を横断して図書館西側の道を北上し、❷乙訓寺へ。聖徳太子が開き、空海が別当に任じられたと伝わる古刹だ。「ボタン寺」としても知られ、4月下旬から5月初旬頃に約2000株ものボタンが境内を彩る。

光明寺道を西へ進むと、西山浄土宗の総本山である❸光明寺。紅葉の名所としても知られ、秋は参道がモミジのトンネルになり、大勢の参拝者が訪れる。

住宅地の道からたけのこ道標で右折、竹林の間の坂道を上る。小さな鳥居の先の石段を上ると観音寺で、同じ境内に❹子守勝手神社がある。少し戻って右折、西山公園の角を右折すると❺長法寺。境内には枯れたことがないと伝わる「溺泉」があり、春はヤマブキ、冬は寒椿が出迎えてくれる。

市街を見下ろしながら坂を下り、田園風景が広がる長法寺道を歩く。文化センター通りを右折して❻八条ヶ池まで戻る。池の東側の遊歩道は桜並木なので、桜の季節なら花見を楽しんで帰ろう。商店が並ぶ賑やかな通りを歩いて、長岡天神駅へ戻る。

Data

- ●長岡天満宮 ☎075-951-1025、境内自由
- ●乙訓寺 ☎075-951-5759、8〜17時、入山料500円
- ●光明寺 ☎075-955-0002、境内自由。紅葉期は9〜16時30分、拝観料500円
- ●長法寺 ☎075-951-9075、9〜17時、境内自由

立ち寄り SPOT

🍴 小倉山荘 竹生の郷
おぐらさんそう ちくぶのさと

雅なおかきや煎餅で全国的に人気の小倉山荘の本店。約800坪の敷地内には平安情緒漂う庭があり、併設のカフェでは季節ごとにかわるお膳やあんみつなどの甘味が味わえる。別館には和菓子の「明月菓寮」、洋菓子の「小倉山荘リ・オ・ショコラ」がある。

☎075-957-0707、10〜18時、無休（年始を除く）

🎁 喜久春
きくはる

長岡京市の特産物であるタケノコを使った「竹の子最中」が人気の和菓子店。三日三晩蜜漬けしたタケノコのシャキシャキした食感と、丹波大納言・京ゆず・白小豆の3種類の餡とのバランスが絶妙だ。「たけのこ餅」や醤油風味の「朝掘」もタケノコ入りだ。

☎075-955-8016、9〜18時、木曜休

長岡京

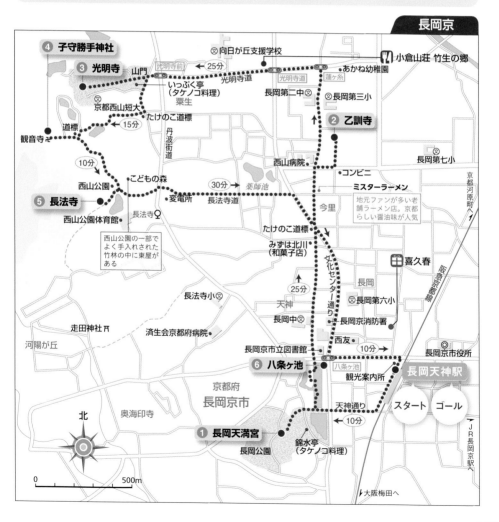

壬生・油小路
（みぶ・あぶらのこうじ）　京都

幕末、京の町を震撼させた新選組
その拠点と事件の現場を歩く

▲毎年、祇園祭の宵山（7月16日）に行われる池田屋事変記念パレードは、この壬生寺を出発して八坂神社まで練り歩く

歩行時間								
約1時間20分								
歩行距離								
約5km								
歩　数								
約1万歩								

スタート 大宮駅	❶ 光縁寺	❷ 壬生寺	❸ 島原大門	❹ 西本願寺	❺ 中井正五郎殉難之地碑	❻ 本光寺	❼ 不動堂村屯所跡の碑	ゴール JR京都駅
	5分	5分	20分	15分	5分	10分	5分	15分

アクセス
行き：大阪梅田駅→阪急京都線特急→桂駅→阪急京都線準急→大宮駅(40分)
帰り：京都駅→JR東海道本線新快速→大阪駅(28分)

問い合わせ先
京都市観光協会
☎075-213-1717

駅周辺情報
大宮駅周辺には飲食店やコンビニが多く便利。壬生や島原には飲食店が少ないので、歩きだす前に済ませておいたほうがよい。**京都駅**からは市営地下鉄や近鉄線の利用もできる。

▲新選組結成当初の本拠となった壬生の八木邸

▲光縁寺には山南敬助らの墓が

▲壬生寺の壬生塚には近藤勇の胸像が

江戸から京の都にやってきた浪士組（後の新選組）の拠点となった壬生・島原界隈や、油小路の変の舞台をたどって歩く。

大宮駅から1筋南の綾小路通を西へ行くと❶光縁寺があり、ここには新選組総長・山南敬助の墓がある。山南が当時の住職と懇意だったことから多くの粛清された隊士がここに葬られている。西へ進むと、坊城通をはさんで八木邸と旧前川邸（内部非公開）が立つ。浪士組として上洛した際、近藤勇や芹沢鴨ら13名の宿舎が八木源之丞邸で、ここが新選組の最初の本拠地となった。長屋門とそれに続く母屋はほぼ往時の姿を伝えている。旧前川邸も宿舎で、綾小路通側

にある出窓は新選組により作られたもの。南隣の新徳寺は浪士組の本部となった寺。向かいの❷壬生寺は律宗の古刹で、ガンデンデンの音曲に合わせて演じられる無言劇、壬生狂言で有名だ。境内ではよく隊士の調練が行われていたという。暗殺された芹沢鴨の葬儀もここで盛大に行われた。山門を入って右手には壬生塚があり、近藤勇の胸像を始め、隊士の墓などがある。

千本通を南下し、島原西門碑で左折して島原へ向かう。島原は当時、幕府公認の格式高い遊郭で、新選組もよく出入りし酒宴を催した。軒燈と格子がゆかしい輪違屋や、角屋もてなしの文化美術館などが往時の面

▲もと置屋だった輪違屋はいまも雰囲気たっぷり

▲島原遊郭の入口だった島原大門とさらば垣

▲新選組は西本願寺の太鼓楼を一時屯所にしていた

▲本光寺。入って右の題目石塔が伊東甲子太郎殉難の跡

影を残す。格子が美しい角屋は現存する揚屋建築の唯一の遺構。島原遊郭の入口だった❸島原大門も往時のまま残っている。

島原大門から嶋原商店街を通って東に向かうと❹西本願寺に行き着く。慶応元年（1865）3月、新選組は2年間過ごした壬生から屯所をここ（北集会所と太鼓楼）に移した。西本願寺の北塀に沿って行き堀川通を渡る。1筋目の油小路通を南下すると小さな地蔵堂の横に❺中井正五郎殉難之地碑が立つ。ここにはかつて天満屋という旅館があり、龍馬暗殺を新選組の仕業と思い込んだ海援隊や十津川郷士が新選組を襲撃した「天満屋騒動」の現場だ。さらに南へ下ると、新選組を離脱し御陵衛士になった伊東甲子太郎を闇討ちにし、その死体をおとりにして伊東一派の殲滅を謀った、「油小路の変」の現場周辺だ。近くの❻本光寺門前には伊東甲子太郎外数名殉難之跡の碑が立つ。

塩小路堀川交差点一帯は、かつて不動堂村とよばれ、慶応3年（1867）6月、新選組が西本願寺から屯所を移転させた場所。現在、リーガロイヤルホテル京都の前に❼不動堂村屯所跡の碑と近藤勇の歌碑が立つ。塩小路通を東に向かえばJR京都駅に着く。

▲不動堂村屯所跡には近藤勇の歌碑が立つ

Data

●光縁寺 ☎075-811-0883、9〜17時、供養料100円
●壬生寺 ☎075-841-3381、8時30分〜16時30分、境内自由。壬生塚は8時30分〜16時30分、200円
●八木邸 ☎075-841-0751、9〜17時、無休、見学1100円（ガイド、抹茶、屯所餅付）
●西本願寺 ☎075-371-5181、5時30分〜17時、境内自由
●本光寺 ☎075-341-2863、8〜17時、拝観はできれば予約を

立ち寄り SPOT

京都鶴屋 鶴壽庵

きょうととつるや かくじゅあん

八木邸の東隣にある八木家の末裔が営んでいる和菓子店。名物の「屯所餅」は、京野菜の壬生菜を混ぜた餅で粒餡を包んだ和菓子。素朴な甘みがあり、5個入り756円〜。ほかにも新選組に関連した品々があり、「誠」の文字が刻まれた「壬生の誠玉子せんべい」は1箱864円。

☎075-841-0751、8〜18時、無休

角屋もてなしの文化美術館

すみやもてなしのぶんかびじゅつかん

往時の建物や所蔵美術品、庭などを公開。美術館は1階のみ。2階には「青貝の間」などすばらしい内装の部屋が残る。

☎075-351-0024　開館3月15日〜7月18日・9月15日〜12月15日、10〜16時、月曜休（祝日の場合は翌日）、1000円（2階見学は要予約、空きがあれば当日でも可、見学料別途800円）

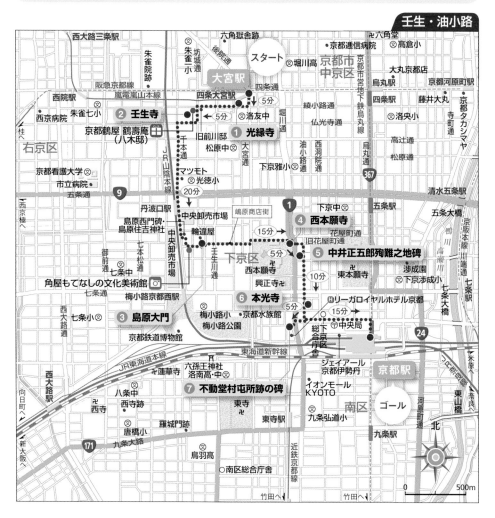

壬生・油小路

まつ　お　しゅうへん

松尾周辺 京都

花の名所で知られる松尾大社と梅宮大社
東海自然歩道を歩いて古社寺を巡る

▲ヤマブキの名所としても知られる松尾大社。開花は4月中旬〜5月初旬頃

歩行時間
約**1時間20分**

歩行距離
約**4.7**km

歩数
約**9400**歩

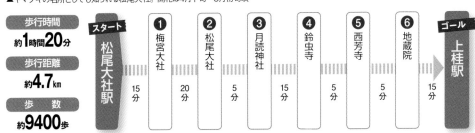

スタート 松尾大社駅	❶ 梅宮大社	❷ 松尾大社	❸ 月読神社	❹ 鈴虫寺	❺ 西芳寺	❻ 地蔵院	ゴール 上桂駅
15分	20分	5分	15分	5分	5分	15分	

🚃 **アクセス**

行き：大阪梅田駅→阪急京都線特急→桂駅→
阪急嵐山線→松尾大社駅(38分)
帰り：上桂駅→阪急嵐山線→桂駅→阪急京都
線特急→大阪梅田駅(36分)

📞 **問い合わせ先**

京都市観光協会
☎075-213-1717

🏠 **駅周辺情報**

松尾大社駅の東改札口の隣にコンビニが
ある。上桂駅の周辺には喫茶店やパン店な
どが数店ある。

▲松尾橋から桂川や愛宕山の眺めがよい

▲木目調の和風な駅名標の松尾大社駅　　▲酒樽が積まれた松尾大社の神輿庫　　▲35種550本の梅が咲く梅宮大社

松尾大社周辺は山裾に東海自然歩道が通り、個性的な寺社が点在している。嵐山駅から歩き始めてもよいが、桂川を越えて四季折々の花が楽しめる梅宮大社に寄りたいので、**松尾大社駅**からスタートする。

レトロな雰囲気の松尾大社駅から東に向かうと、すぐ桂川に出る。平安時代は天皇や貴族が舟遊びなどを楽しんだ遊覧地で、松尾橋からの眺めがよい。広い河川敷には公園やサイクリングロードなどが整備され、バーベキューを楽しむ人も多い。四条通を東に進み、梅宮大社前交差点を左折すると**❶梅宮大社**の鳥居が見える。酒造と安産の神として知られ、2つの池を配した3000坪の神苑は、梅から桜、ツツジ、ハナショウブ、アジサイ、椿など四季折々の花が咲く。

来た道を戻り、大きな鳥居をくぐって酒造の神様**❷松尾大社**へ向かう。1300年の歴史を誇る古社で、背後の松尾山を含む12万坪の境内には松尾造りとよばれる重要文化財の本殿や、昭和の名庭・松風苑三庭がある。4月中旬から境内を流れる一ノ井川沿いに約3000株のヤマブキが咲く名所でもある。

山沿いの東海自然歩道を南へ歩きはじめると、右手に**❸月読神社**がある。松尾大社の境外摂社で、月延石という神功皇后ゆかりの安産石が置かれている。次の鈴虫寺へは山沿いの住宅地を抜ける道が近いが、少々入り組んでいるので左の道を行き、次の角を右折する。しばらく歩いて突き当たりを右に曲がると、西芳寺川に出る。春は桜、秋は紅葉が美しい川沿いの道を歩き、突き当たりを右折して鈴虫寺へ。

鈴虫の鳴き声を一年中聞ける**❹鈴虫寺**（華厳寺）へは参道の石段を上るが、パワース

▲深い緑に囲まれた安産守護の月読神社

▲鈴虫寺へは平日か午前中がおすすめ　　▲地蔵院の総門をくぐると美しい竹林の参道が続く

▲苔寺で知られる西芳寺への参拝は事前予約が必要

ポットとして人気が高まり、道路にまで長い人の列が延びているときもある。住職の分かりやすい説法と一つだけ願いを叶えてくれるワラジを履いた幸福地蔵が有名。

西芳寺川を越えて右折するとバス停があり、向かいに茶店

▲嵐山から松尾大社まで約2km

が並んでいる。さらに進むと「苔寺」の名で知られる世界遺産の❺西芳寺がある（参拝は往復ハガキもしくはオンラインによる事前の予約が必

要）。奈良時代に行基が開創した古刹で、約120種の苔でおおわれた池泉回遊式庭園は、緑のじゅうたんを敷き詰めたような美しさだ。山歩きも楽しみたいなら西芳寺前の道を西へ進み、京都一周トレイルで松尾山に登って嵐山へ下るのもおすすめだ。

バス停まで戻り、右手の狭い石段を上って❻地蔵院へ向かう。竹林の参道が美しく、「竹の寺」とよばれるが、苔に覆われた枯山水庭園の「十六羅漢の庭」や、紅葉もすばらしい。一休禅師が幼少の頃を過ごした寺でもある。

寺の前のゆるやかな坂を下ったら、道標のある十字路を左折し、ひたすらまっすぐ歩いていくと**上桂駅**に着く。

Data

●梅宮大社　☎075-861-2730、境内自由。神苑は9～17時、600円
●松尾大社　☎075-871-5016、境内自由。松風苑三庭と神像館は9～16時（日曜・祝日は～16時30分）、500円
●鈴虫寺　☎075-381-3830、9～17時、500円
●西芳寺　☎075-391-3631、往復ハガキによる事前予約が必要、参拝冥加料3000円以上
●地蔵院　☎075-381-3417、9～16時30分、500円

立ち寄り **SPOT**

ブルーオニオン
ぷるーおにおん

松尾大社駅の近くにある、地元の人に長年愛されている雰囲気のよい喫茶店。素敵なカップでいただくおいしいコーヒーとぜひ一緒に味わいたいのが、熱々フワフワの玉子サンドと、ジューシーで分厚いカツサンド。どちらもボリューム満点で大満足だ。

☎075-882-8050、9〜22時、木曜休

苔乃茶屋
こけのちゃや

西芳寺へ向かう道沿いにある、昔ながらの門前茶屋。名物の門前とろろそば1100円は、丹波篠山産のツクネ芋のすりおろしに玉子をおとして青のりをふりかけ、月夜の苔寺をイメージしている。とろろ麦ご飯セット1400円や甘酒などもある。

☎075-381-3191、9時30分〜16時30分、無休

松尾周辺

嵐峨野 （さがの）

京都

『源氏物語』や『平家物語』にも多く登場
京都随一の観光スポットを歩く

▲青々とした竹林が約450mも続く「竹林の小径」は京を代表する風景

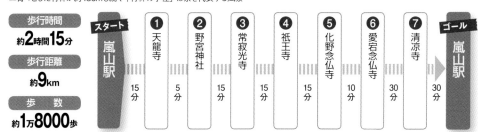

歩行時間	スタート	❶	❷	❸	❹	❺	❻	❼	ゴール
約2時間15分	嵐山駅	天龍寺	野宮神社	常寂光寺	祇王寺	化野念仏寺	愛宕念仏寺	清凉寺	嵐山駅

歩行時間 約2時間15分
歩行距離 約9km
歩 数 約1万8000歩

15分　5分　15分　15分　15分　10分　30分　30分

アクセス

行き：大阪梅田駅→阪急京都線特急→桂駅→
阪急嵐山線→嵐山駅(43分)
帰り：往路を戻る
＊JR嵯峨嵐山駅や嵐電嵐山駅なども利用可

問い合わせ先

京都市観光協会
☎075-213-1717

駅周辺情報

嵐山駅周辺にはコンビニがあり、渡月橋へ
向かう道にも飲食店はあるが、嵐山の中心
は渡月橋を渡ってからで、有名店などが軒
を連ねる。

▲禅寺らしい清々しさが漂う天龍寺

▲嵯峨野巡りの起点となる野宮神社

▲大堰川に架かる全長155mの渡月橋は、春は桜、秋は紅葉の名所

　天下の景勝地、嵐山から小倉山の麓に点在する古寺を訪ね歩くルートは京都散策の人気コース。四季それぞれに趣が異なり、各シーズン歩いてみたいが、桜の春と紅葉の秋は格別である。

　嵐山駅（あらしやまえき）から出発して渡月橋を渡り、まずは**❶天龍寺**（てんりゅうじ）へ。足利尊氏が後醍醐天皇の霊を鎮めるために創建した禅寺で、庭園の美しさは広く知られている。天龍寺を出て、両側に飲食店やみやげ物店が並ぶ嵐山のメインストリートを北上する。案内板に従って左折すると、嵯峨野散策で人気のある竹林の道に入る。小柴垣が落ち着いた雰囲気

▲8000基ともいわれる石仏・石塔が配列安置されている化野念仏寺

を見せる道を進むと、『源氏物語』に登場する**❷野宮神社**（ののみやじんじゃ）だ。

　黒木の鳥居を背に、右手へ行くと「竹林の小径」。突き当たりの大河内山荘庭園を右に曲がり、トロッコ嵐山駅と山陰本線を過ぎ、小倉池の横を歩く。観光客はぐっと減り、ここからが嵯峨野歩きの本番だ。

　❸常寂光寺（じょうじゃっこうじ）は藤原定家が小倉百人一首を編んだとも伝えられる寺。檜皮葺きの多宝塔は重要文化財で、高台からの眺めが良い。寺の周りにはのどかな田園風景が広がり、それに溶けこむように藁葺きの小さな庵、落柿舎（らくししゃ）が佇む。芭蕉の門人、向井去来の閑居跡（きょらい）だ。その先には釈迦と阿弥陀の如来2尊を祀る二尊院（にそんいん）がある。伏見城の薬医門を移築したという堂々たる総門をくぐれば、「紅葉の馬場」とよばれる広い参道が続いている。二尊院を後にゆるい上り坂を道なりに進むと**❹祇王寺**（ぎおうじ）で、『平家物語』に名高い白拍子・祇王ゆかりの寺だ。小さな庵内には大日如来を中心に、悲恋に泣いた女

▲4人の女性たちが念仏三昧の余生を過ごした祇王寺

▲鳥居本の愛宕神社一の鳥居と平野屋

▲境内にはおびただしい数の羅漢像が並ぶ愛宕念仏寺

性たちと平清盛の木像が祀られている。

　来た道を戻り左へ進むと、みやげ物店や茶店が軒を連ねる坂道となり、やがて8000基ともいわれる石仏・石塔が並ぶ**❺化野念仏寺**に着く。さらに行くと愛宕神社の一の鳥居だ。この鳥居本の町並みは国の重要伝統的建造物群保存地区に指定されている。秋の紅葉はよくポスターに使われる。街道を北に向かうと**❻愛宕念仏寺**。境内には参拝者らが刻んだ1200体の羅漢石像が並ぶ。

　ここで来た道を引き返し、八体地蔵のある

▲鳥居本付近の雰囲気ある町並み

▲広く伸びやかな境内の清凉寺

辻で左の道に入り、清凉寺へ向かう。瀬戸川を渡り、しばらく先の辻を右折すると「嵯峨の釈迦堂」で知られる古刹、**❼清凉寺**の西側に出られる。本堂（釈迦堂）には国宝の本尊、生身の釈迦如来像を安置している。二階二重門の勇壮な仁王門から出て、南にまっすぐに下り、再び渡月橋を渡ってスタートした嵐山駅へ戻る。

┃ Data ┃

●天龍寺　☎075-881-1235、8時30分〜17時30分（11月の土・日曜、祝日は7時30分〜、10/21〜3/30は〜17時）、庭園拝観500円
●野宮神社　☎075-871-1972、9〜17時、境内自由
●常寂光寺　☎075-861-0435、9〜17時、500円
●落柿舎　☎075-881-1953、9〜17時（1・2月は10〜16時）、200円
●二尊院　☎075-861-0687、9〜16時30分、500円
●祇王寺　☎075-861-3574、9時〜16時30分（季節により変動）、300円
●化野念仏寺　☎075-861-2221、9〜17時（季節により変動）、500円
●愛宕念仏寺　☎075-865-1231、8〜17時、300円
●清凉寺　☎075-861-0343、9〜16時（4・5・10・11月は〜17時）、境内自由、本堂拝観400円

立ち寄り SPOT

🍴 平野屋
ひらのや

愛宕神社への参拝客の茶屋として、約400年前から親しまれてきた老舗。茅葺きが絵になることから鳥居本の紅葉の写真の点景によく使われる。鮎や松茸などの京料理（要予約）が専門だが、愛宕街道名物のしんこ餅と抹茶840円で一服できる。

☎075-861-0359、11時30分〜21時、無休

🍴 竹仙
ちくせん

川端康成の小説『古都』に登場し、『街道をゆく』で司馬遼太郎を感嘆させた「森嘉」の豆腐を、清凉寺境内にある食事処で味わえる。

京野菜や生麩、湯葉などが付いた「ゆどうふおきまり」3780円ほか、抹茶で一服も。

☎075-882-3074、10〜17時、木曜休、4・10・11月は無休

嵯峨野

等持院・立命館大学
衣笠キャンパス前駅
とうじいん・りつめいかんだいがく
きぬがさきゃんぱすまえ
TOJIIN・RITSUMEIKANDAIGAKU
KINUGASAKYANPASMAE

きぬかけの路 みち

京都

衣笠山の麓から続く世界遺産を結ぶ道
京の名庭を巡りながら太秦へ

▲龍安寺の石庭。どこから見ても15個の石をすべて見ることはできない

歩行時間	スタート	❶	❷	❸	❹	❺	❻	❼	ゴール
約**1時間40分**	等持院・立命館大学衣笠キャンパス前駅	等持院	堂本印象美術館	龍安寺	仁和寺	妙心寺	法金剛院	蚕ノ社	太秦広隆寺駅
歩行距離 約**6.5**km		5分	15分	10分	15分	15分	20分	10分	10分
歩数 約**1万3000歩**									

アクセス

行き：大阪梅田駅→阪急京都線→阪急大宮駅→徒歩3分→四条大宮駅→嵐電嵐山本線→帷子ノ辻駅→嵐電北野線→等持院・立命館大学衣笠キャンパス前駅(1時間31分) **帰り**：太秦広隆寺駅→嵐電嵐山本線→四条大宮駅→徒歩3分→阪急大宮駅→阪急京都線→大阪梅田駅

問い合わせ先

京都市観光協会
☎075-213-1717

駅周辺情報

等持院・立命館大学衣笠キャンパス前駅は住宅地の中にあり、周辺に店はない。**太秦広隆寺駅**にはそば店が隣接しており、次の帷子ノ辻駅まで続く大映通り商店街がある（P48参照）。

▲季節の花が彩る等持院の芙蓉池の庭園

▲堂本印象美術館は外観や内装も作品

▲3つの世界遺産を結ぶきぬかけの路

全長約2.5kmの「きぬかけの路」は金閣寺からスタートしてもよいが、今回は等持院から歩き始め、嵐電周辺の名庭を巡る。

帷子ノ辻駅で嵐山本線から北野線に乗り換える。春は鳴滝駅〜宇多野駅間が桜並木のトンネルになる。**等持院・立命館大学衣笠キャンパス前駅**で降り、足利将軍家の菩提所である**❶等持院**へ向かう。東西2つの池を中心とした庭園が広がり、ハンゲショウやサツキ、紅葉など、四季折々に美しい。

住宅地を北上し、きぬかけの路に出る。目の前に京都生まれの日本画家が自らデザインした個性的な建物の**❷堂本印象美術館**がある。右手に衣笠山が迫るきぬかけの路を西へ歩き、世界遺産の**❸龍安寺**へ。白砂に15個の石を配し、油土塀で囲んだ石庭は、室町時代末期に作庭されたと伝わる。境内の鏡容池は初夏のスイレンや秋の紅葉などが彩りを添える。

次の**❹仁和寺**も世界遺産で、広大な境内に金堂や五重塔などが立ち、遅咲きの御室桜も有名。裏山には山道にお堂が点在する約3kmの御室八十八ヶ所霊場という巡拝コー

スもある。

少し遠回りになるが、旧字体の駅名板がかかる嵐電の御室仁和寺駅を見ていこう。踏切を渡って東へ歩いていくと**❺妙心寺**の北総門が見えてくる。臨済宗妙心寺派の総本山で、広大な山内に室町後期〜江戸初期に建てられた勅使門、三門、仏殿、法堂、大方丈が一列に並んでいる。その周りに40以上もの塔頭寺院が点在し、通年や期間限定で公開しているところもある。

Data

●等持院 ☎075-461-5786、9〜16時30分（12月30日〜1月3日は〜15時）500円
●堂本印象美術館 ☎075-463-0007、9時30分〜17時、510円、月曜休（祝日の場合は翌日）、臨時休館あり
●龍安寺 ☎075-463-2216、8〜17時（12〜2月は8時30分〜16時30分）、500円
●仁和寺 ☎075-461-1155、御殿は9〜17時（12〜2月は〜16時30分）、800円・霊宝館500円。御室桜の開花期間は8〜17時、500円
●妙心寺 ☎075-466-5381、境内自由。法堂・天井の雲龍図、梵鐘、浴室は9〜12時・13時〜15時30分、700円。塔頭の公開寺院は有料
●法金剛院 ☎075-461-9428、9〜16時（観蓮会の期間は7時〜）、500円
●広隆寺 ☎075-861-1461、境内自由。霊宝殿は9〜17時（12〜2月は〜16時30分）、800円

▲遅咲きで知られる仁和寺の御室桜

▲生活道路が通る妙心寺境内

▲風情のある御室仁和寺駅

▲パワースポットといわれる蚕ノ社の三柱鳥居

▲ハスの寺として知られる法金剛院

　南総門から出て、関西花の寺二十五カ所の一つ**❻法金剛院**へ向かう。鳥羽上皇の中宮・待賢門院璋子が再興、平安時代の風情漂う池泉回遊式庭園は7月上旬から約90種類のハスの花で埋めつくされる。四季を通じてさまざまな花を楽しめ、仏殿に並ぶ重要文化財の仏像もすばらしい。

　JRと国道162号の高架をくぐり、左折して**❼蚕ノ社**とよばれる木嶋坐天照御魂神社を訪れる。本殿の西側に京の三珍鳥居の一つ、三柱鳥居がある。神社前の道を西へ進むと京都最古の寺院である広隆寺。建立は推古天皇11年（603）で、霊宝殿には創建当時の本尊と伝わる国宝第1号の弥勒菩薩半跏像や、飛鳥〜鎌倉時代の国宝や重要文化財の仏像が数多く安置されている。仁王門前を嵐電が通っており、ゴールの**太秦広隆寺駅**は目の前だ。

▲広隆寺の仁王門前を嵐電が走る

立ち寄り SPOT

🍴 西源院
せいげんいん

龍安寺境内にある塔頭寺院の広い座敷で、きれいな庭園を眺めながら精進料理がいただける。名物は七草湯豆腐1500円、精進料理（湯豆腐付き）3300円。桜と紅葉のシーズンは予約した方がよい。
☎075-462-4742、10〜17時、無休（食事のみの場合は龍安寺の拝観料不要）

🏢 大映通り商店街
だいえいどおりしょうてんがい

太秦広隆寺駅から帷子ノ辻駅まで続くレトロな雰囲気の商店街。「三吉みたらし」のみたらし団子は好みできな粉をまぶしてくれる。
営業日は気まぐれなので、開いていればラッキー。「京つけもの もり」の本店もこの商店街にある。
三吉みたらし☎075-881-0253、不定休　京つけものもり☎075-872-1515、9〜17時、無休

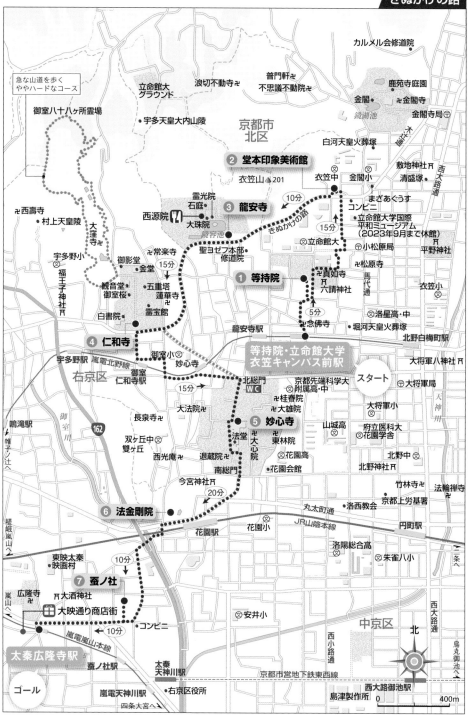

妙見山 （大阪）

みょうけんさん

「能勢の妙見さん」と呼び親しまれる 日蓮宗の名刹へハイキング

妙見口駅
みょうけんぐち
MYOKENGUCHI
◀ ▶

▲石鳥居をくぐって参道を登り、開運殿（本殿）、祖師堂、絵馬堂などが並ぶ浄域へ

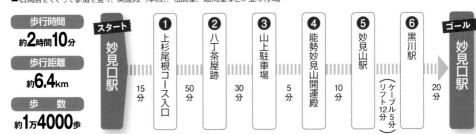

歩行時間	約2時間10分
歩行距離	約6.4km
歩 数	約1万4000歩

スタート 妙見口駅 → **①** 上杉尾根コース入口 15分 → **②** 八丁茶屋跡 50分 → **③** 山上駐車場 30分 → **④** 能勢妙見山開運殿 5分 → **⑤** 妙見山駅 10分 → **⑥** 黒川駅（ケーブル5分／リフト12分） → ゴール 妙見口駅 20分

アクセス

行き：大阪梅田駅→阪急宝塚線急行→川西能勢口駅→能勢電鉄妙見線→妙見口駅（47分）
帰り：往路を戻る

問い合わせ先

豊能町観光案内所
☎072-734-6758
能勢町観光協会
☎072-734-3241
川西市観光協会
☎072-740-1161

駅周辺情報

妙見口駅の改札を出ると2軒の食事処（津の国屋、かめたに）が並び、みやげ物なども販売している。道をはさんだ向かいには豊能町観光案内所があり、地図やパンフレットが手に入る。

▲ここから上杉尾根コースの山道が始まる

▲八丁茶屋跡を過ぎたあたりの展望ポイント

▲上杉尾根コース最初の展望ポイントは北側が開けている

妙見山のハイキングコースはいくつかあり、前半は少々きついが展望のよい所もある上杉尾根コース（妙見口駅から山頂まで1時間40分）を紹介する。ほかにも、初谷川沿いをさかのぼる初谷渓谷コース（2時間）や、滝行場のある新滝コース（1時間20分）、峠越えの大堂越コース（1時間30分）があるが、どのコースも自然災害や天候などで通行止めになる場合があるので、事前に観光案内所へ問い合わせて確認しておこう。

下りは妙見の森リフトとケーブルを利用するが（冬期運休などあり）、上りで利用して下りをハイキングするのもいい。

ローカル線の趣を楽しみながら、能勢電鉄妙見線の終点・**妙見口駅**へ。駅前には2軒の食事処があり、道路向かいの能勢町観光案内所で当日のルートの状況など確認し、アドバイスをもらおう。

ゆるやかな坂の車道を北上するが、のどかな里山の風景が広がり、車の通行も少なく歩きやすい。やがて国道に合流し、押しボタン信号の横断歩道を渡ると、道標が立っている。民家を過ぎると山道となり「稜線コース」ともよばれる❶**上杉尾根コース入口**だ。

すぐに山道への登り口が現れ、急登が始まる。少々つらい九十九折が続き、やがて左手に展望の開けた場所に出るが、尾根道の登りはまだまだ続く。❷**八丁茶屋跡**（道標あり）のあたりからゆるやかな道となり、ベンチの置かれた展望ポイントに着いてひと休みしよう。季節にはツツジの花も咲く道を進み、「台場クヌギ林」「アカマツ林」などと記された脇道を示す道標をやりすごすと、最後の急坂となる。汗を流して上り

▲大阪府と兵庫県の府県境に立つ山門から石段を下ると開運殿

▲左手に見えるのが開運殿。開運の守護神・北辰妙見大菩薩をまつる

▲信徒会館「星嶺」はBCS賞（建築業協会賞）を受賞

▲妙見の森リフトは初夏のアジサイが有名

きると❸山上駐車場（さんじょうちゅうしゃじょう）に出る。

　車道に出て石鳥居をくぐり、両側に神馬像が立つ参道を上っていくと、ガラス張りの信徒会館「星嶺」がある。能勢家の家紋の矢筈（やはず）と、星をモチーフにしたデザインで、建築家・高松伸の設計。山上からの眺めを楽しみながら建物を回りこみ、山門をくぐって石段を下ると寺務所がある。右手に進むと祖師殿、❹能勢妙見山開運殿（のせみょうけんざんかいうんでん）（本殿）、絵馬堂などが立ち並び、森厳な気配が漂っている。

　石鳥居まで戻って、妙見の森リフトの❺妙見山駅（みょうけんさんえき）に向かう。手前に大黒堂が立ち、駅の向こう側に展望デッキがある。一人乗

りのリフトは全長573m、約12分間の空中散歩が楽しめる。足元に菜の花やアジサイ、コスモスなど四季折々の花が咲き、天気がよければ大阪湾が見える。

　ふれあい広場駅周辺には妙見の森バーベキューテラスやカフェなどがあり、家族連れで賑わっている。いろは坂を下り、妙見の森ケーブルの山上駅へ。そばに里山風景を見下ろす「山上の足湯」がある。ケーブルは全長666m、高低差223mを5分で結び、桜や紅葉が楽しめる。❻黒川駅（くろかわえき）から国道に出て押しボタン信号まで来れば、往路を戻って妙見口駅（みょうけんぐちえき）へと向かう。

Data

●能勢妙見山　☎072-739-0991、境内自由。信徒会館「星嶺」は入館不可だが、毎月15日（11時〜14時30分）の月例法要は一般参加可
●妙見の森ケーブル　☎072-738-2392（山上駅）10〜17時（11〜3月は〜16時30分）、土・日曜・祝日は9時20分〜18時（11〜3月は〜17時）、片道350円
●妙見の森リフト　10時10分〜16時20分（11〜3月は〜15時50分）、土・日曜・祝日は9時30分〜17時20分（11〜3月は〜16時20分）、片道350円　※ケーブル・リフトは冬期運休、天候等による運休あり
●山上の足湯　11時30分〜ケーブル最終時刻の30分前、100円

立ち寄り S P O T

かめたに
かめたに

妙見口駅前にある食事処でみやげ品も多い。秋は松茸料理、冬はぼたん鍋が名物で、軽食もある。季節限定のしし鍋味噌煮込みうどん1500円やししとじ丼800円も人気で地酒秋鹿、洋酒、ビールも豊富。

☎072-738-1122、9〜18時（冬期は〜17時）、月曜・第2火曜休（祝日の場合は翌日）

奥山茶屋
おくやまちゃや

地元能勢出身のご主人と奥さんが営む、妙見山頂近くにある茶屋。うどんやそば、丼もののほか、具だくさんの味噌汁付きのおにぎりセットなどが人気。コーヒーやぜんざいなどの甘味でひと息つくにもよい。

☎なし、11時頃〜15時頃（天候や季節により変動あり）、火曜休

妙見山

西宮・今津
にしのみや　いまづ　兵庫

キリッと辛口、灘の男酒を育んだ
宮水が湧きだす酒蔵の街を歩く

▲昔の酒造りを紹介する白鹿記念酒造博物館の酒蔵館

歩行時間										
約**1時間30分**										

歩行時間 約**1時間30分**

歩行距離 約**5.7**km

歩 数 約**1万1400歩**

スタート
西宮駅

① 西宮神社　10分
② 西宮砲台　20分
③ 白鹿記念酒造博物館　10分
④ 白鷹禄水苑　5分
⑤ 宮水庭園　5分
⑥ 日本盛 酒蔵通り煉瓦館　10分
⑦ 今津六角堂　15分

ゴール
今津駅　15分

アクセス

行き:大阪梅田駅→阪神本線特急→西宮駅(16分)
帰り:今津駅→阪神本線急行→大阪梅田駅(18分)
＊帰りは阪急今津駅を利用も可

問い合わせ先

西宮観光協会
☎0798-35-3321

駅周辺情報

西宮駅は駅ビルがショッピングセンターで、コース上にもコンビニや自販機などが点在。とくに事前に準備しなければ困るものはない。**今津駅**前は庶民的な繁華街で、リーズナブルな居酒屋なども多い。

▲えびす神社の総本社・西宮神社の表大門

▲灘酒の伝統文化を伝える白鷹禄水苑

▲日本盛 酒蔵通り煉瓦館

▲国の重要文化財である西宮砲台

▲宮水庭園には酒造各社の取水場がある

▲レトロな洋風建築が美しい今津六角堂

　日本一の酒どころ、灘五郷の一つである西宮郷には、六甲山系の伏流水が湧き出す「宮水」で仕込む酒蔵が集まっている。街中に酒造りを紹介する施設が点在し、歩く楽しみの多いエリアだ。

　西宮駅の西側の改札口から出て、えびす神社の総本社である❶西宮神社へ。立派な大練塀と表大門は国の重要文化財だ。海へ向かってさらに南下していくと、御前浜公園の東端に高さ12m、周囲53mの❷西宮砲台が立っている。黒船来襲に備えて勝海舟のすすめで造られ、完成後に明治維新を迎えたために未使用のまま残されている。

　来た道を引き返し、前浜町交差点で右折すると、❸白鹿記念酒造博物館。道路をはさんで南にある記念館では酒に関する展示や企画展を、北にある酒蔵館では明治の酒蔵を活用して酒造りを紹介している。隣接の白鹿クラシックスには酒や食品を販売するショップやレストランがある。

　北上して❹白鷹禄水苑へ。蔵元の住居をイメージした建物に江戸末期から昭和初期の蔵元の生活道具が展示され、食事処など

も併設している。さらに北上して一つめの角を東へ入ると左手に「宮水発祥之地」の碑があり、その先にフェンスで囲まれた❺宮水庭園がある。大関・白鹿・白鷹の3社の宮水を汲む井戸が整備されている。

　酒蔵通りを東へ進むと、❻日本盛 酒蔵通り煉瓦館。本蔵直送の原酒が味わえる唎酒コーナーや食事処、売店などがある。津門中央公園を過ぎて次の信号を左折すれば今津駅だが、5分ほど東へ進むと今津小学校の角に❼今津六角堂がある。明治15年（1882）建築の洋式の小学校舎として残されている。信号まで戻り、今津駅へ向かう。

Data

●西宮神社　☎0798-33-0321、5〜19時、10〜2月は〜18時、3月は〜18時30分
●白鹿記念酒造博物館　☎0798-33-0008、10〜17時、火曜休（祝日の場合は翌日）、記念館と酒蔵館の共通券500円（特別展は別料金）
●白鹿クラシックス　☎0798-35-0286、10〜19時、火曜休
●白鷹禄水苑　☎0798-39-0235、第1・3水曜休、11時〜18時30分、無料
●日本盛 酒蔵通り煉瓦館　☎0798-32-2525、11〜21時（10〜3月は10時〜）、火・水曜休
※上記3館の食事処や売店の営業時間等は異なる

立ち寄り S P O T

アンリ・シャルパンティエ酒蔵通り店

あんり・しゃるぱんてぃえさかぐらどおりてん

全国的に有名な洋菓子店の工場に併設された店で、店内からガラス越しにお菓子を作る様子が見える。カフェスペースでは隣の工場から届く当日焼きたての焼き菓子の盛り合わせを味わえる。ワゴンサービスにて目の前で作ってくれるクレープ・シュゼットも人気。

☎0798-23-3808、9〜20時、無休

甘辛の関寿庵

あまからのせきじゅあん

酒蔵通り沿いにある、大関のアンテナショップ。大関のしぼりたて原酒と本格焼酎の量り売り、酒饅頭やお酒を使ったスイーツ、大関蔵元の酒粕を使った奈良漬などを販売している。喫茶コーナーでは特製酒まんソフトや酒カステラセットなどがおすすめだ。

☎0798-32-3039、10〜19時、無休

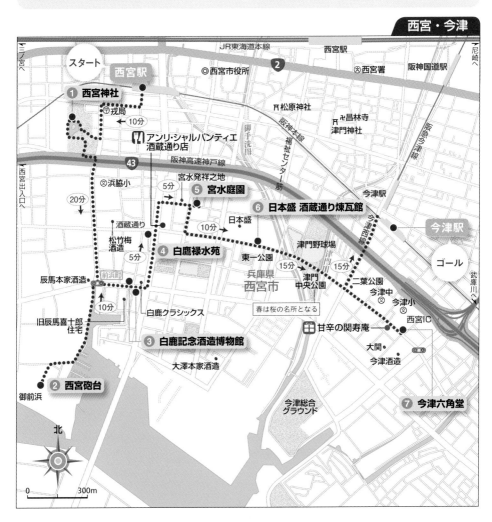

西宮・今津

56

14
神戸電鉄有馬線

有馬温泉駅
ありまおんせん
ARIMAONSEN
◀　　▶

有馬温泉周辺 （兵庫）
ありまおんせんしゅうへん

六甲山麓の温泉街から展望台へ
名物の金泉・銀泉の湯に浸かる

▲有馬稲荷神社の展望台から温泉街を見下ろす

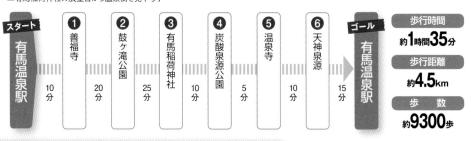

スタート
有馬温泉駅
10分
❶善福寺
20分
❷鼓ヶ滝公園
25分
❸有馬稲荷神社
10分
❹炭酸泉源公園
5分
❺温泉寺
10分
❻天神泉源
15分
ゴール
有馬温泉駅

歩行時間
約**1時間35分**

歩行距離
約**4.5**km

歩　数
約**9300**歩

🚃 **アクセス**

行き：大阪梅田駅→阪急神戸線特急→神戸三宮駅→徒歩6分→地下鉄三宮駅→神戸市営地下鉄西神・山手線→谷上駅→神戸電鉄有馬線→有馬口駅→神戸電鉄有馬線→有馬温泉駅（約1時間）　帰り：往路を戻る

📞 **問い合わせ先**

有馬温泉観光案内所
☎078-904-0708

⛩ **駅周辺情報**

有馬温泉駅前から温泉街にかけて、食堂、カフェ、みやげ物店が並ぶ。太閤通に観光案内所があるので、観光マップを入手しよう。コンビニは駅前にある。駅前の車道を少し歩くので車に注意。

▲緑に包まれ清涼感あふれる鼓ヶ滝

▲白い煙が噴き出している天神泉源

▲炭酸泉源の左手前に飲料用蛇口がある

▲ねね橋を渡って有馬川親水公園へ下りる

▲店が並ぶ迷路のような路地を散策

日本三古湯の一つとして知られ、豊臣秀吉が幾度も通った有馬温泉。公共の温泉施設のほか、立ち寄り湯OKな老舗旅館も多く、近年はカフェやショップも増え、日帰りで訪れる人も多い。寺社や泉源が点在する温泉街を歩き、自然あふれる滝や展望台にも足を延ばしてみよう。

有馬温泉駅から太閤秀吉像がある湯けむり広場を過ぎて、みやげ物店が並ぶ賑やかな太閤通へ。阪急バス有馬案内所の向かいにある石段を上ると**❶善福寺**で、「糸桜」とよばれる樹齢200年を超えるしだれ桜がある。

バス案内所の角を左折、「金の湯」の前を右手へ進み、坂道を上っていく。六甲有馬ロープウェーの有馬温泉駅の裏手にある緑豊かな**❷鼓ヶ滝公園**の奥に進むと滝があり、そばに滝見茶屋がある。

塗装道路に出てしばらく歩くと右手に**❸有馬稲荷神社**の鳥居がある。山の中腹の境内まで長い石段と坂道を上るのは少々きついが、標高570mの展望台から温泉街が一望できる。鳥居まで下り、斜め向かいの九十九折の坂を下って**❹炭酸泉源公園**へ。飲料場でピリッとする炭酸水を飲んでみよう。

坂を下って三叉路を左に進むと「銀の湯」で、その先に極楽寺がある。境内に阪神淡路大震災で出現した秀吉の湯殿を復元した太閤の湯殿館がある。隣の**❺温泉寺**は奈良時代に有馬の薬効を説いた僧・行基が創建。境内に資料館の御祖師庵がある。

三叉路まで戻って左へ進み、突き当たりを左折して湯本坂を歩く。カフェやみやげ物店が並ぶ迷路のような路地を抜け、赤いポストの前を右折して、学問の神様の有馬天神社へ。境内にある**❻天神泉源**から湯けむりが吹き上げている。

賑やかな温泉街を自由に散策し、立ち寄り湯で汗を流そう。**有馬温泉駅**へ戻る途中で、ねね像が立つ赤いねね橋を渡り、有馬川親水公園にも下りてみよう。

Data

●有馬稲荷神社 ☎078-904-0134、境内自由
●太閤の湯殿館 ☎078-904-4304、9～17時、第2水曜休、200円（金の湯・銀の湯とのセット券1000円）
●温泉寺 ☎078-904-0650、境内自由。御祖師庵資料館は9時～16時30分、100円

立ち寄り SPOT

♨ 有馬本温泉 金の湯・銀の湯
ありまほんおんせん きんのゆ・ぎんのゆ

外湯の「金の湯」は鉄分を多く含んだ茶褐色で、外に無料の足湯もある。「銀の湯」は無色透明の炭酸泉とラジウム泉。

「金の湯」☎078-904-0680、8〜20時、第2・4火曜休（祝日の場合は翌日）、650円
「銀の湯」☎078-904-0256、9〜20時、第1・3火曜休（祝日の場合は翌日）、550円、共通券850円

🏠 三津森本舗
みつもりほんぽ

有馬みやげに欠かせない炭酸煎餅は、有馬の炭酸泉を利用して焼き上げたせんべい。温泉街に何軒も炭酸煎餅の店が並ぶ。明治創業の三津森本舗では、手焼きの様子を見学できる。手焼きと自動機焼き、青のりやごま入り、クリームをサンドしたものなどがある。

☎078-904-0106、9〜18時、無休

有馬温泉周辺

スタート　ゴール

兵庫県
神戸市

有馬温泉駅

料金所

芦有道路（芦有ドライブウェイ）

神戸電鉄有馬線

太閤橋
湯けむり広場
有馬川親水公園
ねね橋
有馬温泉観光総合案内所
阪急バス有馬案内所
有馬天神社

❶ 善福寺
❻ 天神泉源

有馬玩具博物館
金の湯 ♨
灰吹屋西田筆店
赤いポスト
湯本坂
🏠 三津森本舗

ねがい坂
卍念仏寺
竹芸有馬籠くつわ
グリル六甲
三津森本舗（古民家）

❺ 温泉寺
温泉神社卍
極楽寺
太閤の湯殿館
愛宕公園
♨ 銀の湯
鳥居
かんぽの宿有馬

❹ 炭酸泉源公園
❸ 有馬稲荷神社

有馬里駐車場
igel（パン）
有馬温泉駅
六甲有馬ロープウェー

❷ 鼓ヶ滝公園

北

0　　　200m

15分
10分
5分
10分
20分
25分
10分

烏原ダム _{からすはら}

兵庫

平清盛が通った烏原の道
2つのダムをつなぐ水と緑の散策路

▲烏原ダムを眺める。池面に波がない時は山影が映り美しい

歩行時間	スタート	❶	❷	❸	❹	❺	❻	❼	ゴール
約2時間20分	鈴蘭台駅	菊水山登山口	北エントランス	石井ダム	水と森の回遊路	烏原ダム	雪見御所跡	湊川神社	JR神戸駅
		15分	15分	10分	30分	15分	20分	30分	5分

歩行距離 約8.8km

歩 数 約1万8000歩

 **アクセス**

行き:大阪梅田駅→阪急神戸線・神戸高速線特急→新開地駅→神戸高速線・神戸電鉄有馬線→鈴蘭台駅(45分)
帰り:神戸駅→JR東海道本線新快速→大阪駅(25分)

問い合わせ先
神戸観光局
☎078-230-1120

駅周辺情報

鈴蘭台駅は東西に改札があり、スタートの東口にはコンビニ、西口にはスーパーマーケットがあり、どちらでも買い出しができる。JR神戸駅の東側に店や飲食店が集まる神戸ハーバーランドがある。

▲南無阿弥陀佛と彫られた妙号岩

▲石井ダムの天端から眺める北側の風景

▲下の広場から石井ダムを見上げる

　平安の昔、出家した平清盛が都から移り住み、晩年の10年間を過ごした神戸。現在の兵庫区のあたりを平家一門が領有し、日宋貿易の拠点港である大輪田の泊を見下ろす福原の地に「雪見御所」とよばれる邸を構えた。清盛は福原京の鎮護として六甲山の北側に位置する丹上山に日吉山王権現を勧請し、月参りで通ったのが「烏原越え」という古道。現在はダムが築かれて面影は残っていないが、ほぼ同じルートを歩くことができる。登りのない歩きやすいコースで、秋は紅葉も楽しめる。

　鈴蘭台駅東口から線路に沿って南に歩き始める。**❶菊水山登山口**を左に見て、神鉄の車庫脇を過ぎ、川沿いの道を下っていく。2008年に完成した石井ダムは、全国的にも珍しい治水とレクリエーションの多目的ダム。周辺を散策できるように整備され、**❷北エントランス**に案内板が立っている。広場を過ぎて烏原大橋までくるとダムが見えてくるが、次の名号橋を渡る際、右手の妙号岩を見逃さないように。岩肌に掘られた「南無阿弥陀佛」は一文字がなんと1.2m。幕末頃に近くの寺の和尚が烏原越えの旅人の安全祈願に彫ったと伝わる。

　❸石井ダムの高さ約66mの天端は広い展望所になっており、北側はダム湖、南側は谷越しに神戸の街並みや神戸港を望むことができる。西端の約300段の階段を下りて振り返ると、ダムの大きさに改めて圧倒される。少し先で六甲全山縦走路に合流し、しばらく土道を歩く。やがて舗装道に戻り、鈴蘭台処理場を回りこむ。山麓バイパスの高架をくぐった先で、六甲全山縦走は鵯越駅方面へと分かれ、烏原貯水池へは渓流沿いの道をそのまま直進する。

　古びた締切堰堤と放水門を過ぎると休憩所があり、三日月橋の手前に**❹水と森の回**

▲烏原貯水池の手前にある締切堰堤

▼烏原ダムからの下り坂で神戸市街地を一望

▲烏原ダムの天端にあるクラシカルな取水塔

▲雪見御所跡の石碑

遊路の案内板がある。烏原貯水池の周囲2.7kmに整備された遊歩道で、左の土道を進む。緑のトンネルのような快適な道を抜けると**❺烏原ダム**（立ヶ畑堰堤）。明治38年（1905）に完成したアーチ状の優美なダムで、近代化産業遺産に認定されている。天端を渡ると展望所があり、ダムと貯水池の眺めがよく、紅葉の時期は特に美しい。

　亀の甲広場を過ぎて急な坂道を下っていくと、目の前に神戸の街並みが広がる。広い車道を東へ進むと、石井橋バス停の先に平清盛が邸を構えたという**❻雪見御所跡**の石碑がたたずんでいる。平野交差点から有馬街道を南下し、楠町6交差点を東へ。中央体育館手前を右へ曲がれば、楠木正成を祀る**❼湊川神社**。広い境内には国指定文化財史蹟である正成の殉節地や墓がある。表門から南へ進めばJR**神戸駅**に着く。

Data

●**湊川神社**　☎078-371-0001、開門時間は季節により異なる。境内自由。宝物殿は9時30分〜16時30分、木曜休、300円

立ち寄り **SPOT**

♨ 湊山温泉
みなとやまおんせん

800年の歴史を持つ六甲山麓の平野に湧く天然温泉で、その昔、平清盛も湯治をしたと伝えられる。地元住民に親しまれている銭湯型の施設だが、広々とした浴室で、100％天然かけ流しの泉質のよさには定評がある。

☎078-521-5839、5時〜22時30分、水曜休（祝日の場合は翌日）、入浴料680円（5〜7時は500円）

📷 祇園神社
ぎおんじんじゃ

平安末期、京都の疫病退散のために、姫路の広峰神社に祀られている素盞嗚尊を勧請する一行がこの地に立ち寄った縁で祠を建立したのが始まり。約90段の石段を登った境内からの眺望がよい。7月13〜20日は「平野の祇園さん」とよばれる夏祭が行われて賑わう。

☎078-361-3450、境内自由

烏原ダム

六甲山上駅
ろっこうさんじょう
ROKKOUSANJYOU
◀　　　▶

六甲山上
ろっこうさんじょう

兵庫

山上のスポットを繋いで歩く展望コース
六甲山は初めてという人にもぴったり

▲六甲ガーデンテラス、見晴らしのテラスからは海と山の大展望が楽しめる

歩行時間
約2時間15分

歩行距離
約9km

歩　数
約1万8000歩

スタート		①		②		③		④		⑤		⑥		ゴール
六甲山上駅	25分	天狗岩	20分	みよし観音	15分	六甲ガーデンテラス	25分	六甲高山植物園	5分	六甲オルゴールミュージアム	30分	六甲記念碑台	15分	六甲山上駅

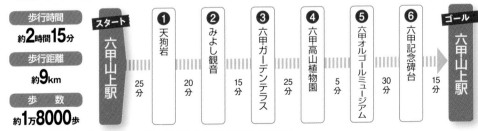

アクセス

行き：大阪梅田駅→阪急神戸線→六甲駅→神戸市バス→六甲ケーブル下駅→六甲ケーブル→六甲山上駅(54分)
帰り：往路を戻る

問い合わせ先

神戸市観光交流課
☎078-362-3317
六甲ケーブル
☎078-861-5288

駅周辺情報

六甲山上駅の上にある眺望抜群のTENRAN CAFÉでは、神戸ウォーターのドリップコーヒーや地元の食材を使ったこだわりのメニューを味わえる。

▲ケーブルカーに乗って六甲山上駅へ到着

▲パワースポットで知られる天狗岩

▲ハイカラな六甲山上駅から高原ハイクへ

▲みよし観音あたりは快適な散策路がつづく

▲六甲枝垂れも人気スポット

六甲山への期待感は六甲ケーブルから膨らむ。標高差約500mを10分で山上まで運んでくれるうえ、到着した駅舎は外観も内観もアールデコ調とよばれるレトロな風情で雰囲気満点。昭和7年（1932）開業のままの建物で、近代化産業遺産にも指定されている。

さて、**六甲山上駅**（ろっこうさんじょうえき）から右へ折れてサンライズドライブウェイをたどっていく。山上の車道は車が多いので、気をつけて歩こう。途中に小さな道標があるだけなので、見落とさないように右の山道に入って進むと❶**天狗岩**（てんぐいわ）に着く。大きな天狗に似ていることからこうよばれる。眺望はすばらしく、高原状の中を行く道がすこぶる爽快だ。

サンライズドライブウェイに戻りしばらく行くと、車道から少し入ったところに❷**みよし観音**（かんのん）が立つ。遭難した旅客機の乗客を助けて殉職したスチュワーデスが由来となってこの観音像が建立されたといわれ、いまは空の守り神だ。

六甲全山縦走路と出合い、アジサイの多い自然歩道を上っていくと❸**六甲ガーデン**（ろっこう）**テラス**に着く。ランドマークの自然体感展望台「六甲枝垂れ」や「見晴らしのテラス」からは、眼下の大阪湾や明石海峡まで、雄大な眺望を楽しめる。また、ここは六甲山上の中心街として、飲食店やショッピングも楽しめる山上の異空間でもある。

次に❹**六甲高山植物園**（ろっこうこうざんしょくぶつえん）に向かうが、時間があれば帝釈天が降り立ったというパワースポット、雲ヶ岩へ寄り道してもよい。六甲高山植物園は山上にあるため年間平均気温は10度。春・夏・秋とさまざまな高山帯の植物約1500種が楽しめる。アルプスの星・

▲六甲ガーデンテラスは山上のおしゃれな街

▲クリンソウ群落がすばらしい六甲高山植物園

▲六甲記念碑台のA.H.グルーム銅像

エーデルワイスや高山の妖精・コマクサにも出合えるとして有名だ。市街地からほど近いのに手軽に高山植物を観賞できる貴重な場所だ。

近くには大きな山小屋を思わせる❺六甲オルゴールミュージアムがある。19世紀後半〜20世紀初頭の自動演奏楽器が揃っているミュージアムで、アンティークなオルゴールも多数展示されている。ショップやカフェも併設している。

サンセットドライブウェイから離れてゴルフ場沿いに行き、ドライブウェイに合流すると、英国人貿易商のA.H.グルームを称える❻六甲記念碑台がある。明治28年（1895）、

神戸の外国人居留地にいたグルームは六甲山上に山荘を建て、植林や登山道の整備開発に私財を投じた。ゴルフ場を造るなど避暑地、リゾート地としての基礎を築いたことから「六甲開山の祖」といわれ銅像が立っている。景観のよいところにベンチが配置されており、ゆっくりと弁当を広げることのできる絶好の休憩ポイントでもある。すぐ近くに六甲山ビジターセンターや六甲山の案内人がいるガイドハウスなどもある。

ここから六甲山上駅方面に向かうが、ほぼ山上を一周したことになる。なお、駅舎の上は「六甲天覧台」という夜景で有名な展望台なので、時間が合えば優雅に夜景を楽しんでからケーブルカーで下山するとよい。

▲六甲オルゴールミュージアムにも立ち寄って

Data

●自然体感展望台・六甲枝垂れ　☎078-894-2281、10〜21時（季節により異なる）※最終入場は30分前まで
●六甲高山植物園　☎078-891-1247、10〜17時（入園は〜16時30分）、開館は3月下旬〜11月中旬、700円
●六甲オルゴールミュージアム　☎078-891-1284、10〜17時（最終受付16時）、木曜休、1050円

立ち寄り **S P O T**

🍴 グラニットカフェ
ぐらにっとかふぇ

六甲ガーデンテラスの敷地内にあり、イタリアンとフレンチをベースにしたランチが人気のレストラン。店内はモダンで格調高く、どの席からでも神戸や大阪の市街、淡路島、瀬戸内海まで一望できる。
☎078-894-2112、11〜21時（土曜は喫茶のみ20時30分LO）、水曜休（天候等により変更あり）

📷 六甲山ビジターセンター
ろっこうさんびじたーせんたー

六甲山の歴史や地形や地質、動植物などの自然を写真やジオラマ、標本などを使って解説。六甲山ガイドハウスが開設されボランティアガイドの山の案内人が情報を教えてくれる。
☎078-891-0616（ガイドハウスは0808）、9時30分〜16時（平日は〜15時）・12〜3月は10〜15時、月曜休（祝日の場合は翌日）、無料

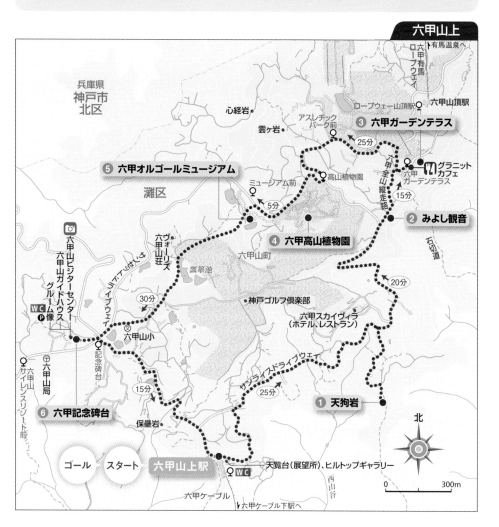

六甲山上

17

神戸市営地下鉄

新神戸駅
しんこうべ
SHINKOBE
◀ ▶

布引・北野 ⓝ ⓝ ⓚ ⓚ ⓝ 兵庫

ぬ の び き きた の

神戸布引ハーブ園から布引の滝へ
異人館も巡る神戸の魅力満載ハイク

▲北野天満神社の境内から風見鶏の館と神戸の街を眺める

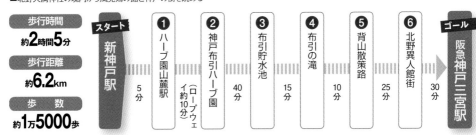

歩行時間 約**2時間5分**	スタート 新神戸駅	❶ ハーブ園山麓駅	❷ 神戸布引ハーブ園	❸ 布引貯水池	❹ 布引の滝	❺ 背山散策路	❻ 北野異人館街	ゴール 阪急神戸三宮駅
歩行距離 約**6.2**km		5分	(ロープウェイ約10分)	40分	15分	10分	25分	30分
歩 数 約**1万5000歩**								

🚃 アクセス

行き:大阪梅田駅→阪急神戸線特急→神戸三宮駅→徒歩6分→地下鉄三宮駅→神戸市営地下鉄西神・山手線→新神戸駅(約35分)
帰り:神戸三宮駅→阪急神戸線特急→大阪梅田駅(28分) ＊阪神の神戸三宮駅、JR三ノ宮駅を利用も可

問い合わせ先

神戸観光局
☎078-230-1120
北野観光案内所
☎078-251-8360

🏠 駅周辺情報

新神戸駅の南出口の向かいにコンビニがある。新幹線新神戸駅の2階に新神戸観光案内所があり、ガイドマップが入手できる。阪急**神戸三宮駅**周辺は繁華街で賑やか。

▲布引貯水池には野鳥観察所や休憩所もある

▲神戸布引ハーブ園はロープウェイも魅力　　▲背山散策路を通って北野異人館街へ　　▲布引の滝で一番大きな雄滝

　六甲の自然を満喫する山歩きと、お洒落な神戸の街歩きの両方を楽しめるコース。

　新神戸駅から神戸布引ハーブ園までハイキングコースがあるが、復路でも歩くので、往路はぜひ、絶景が楽しめるロープウェイに乗ってみよう。駅の南出口から歩いて❶**ハーブ園山麓駅**へ。ロープウェイは全長1460m、全面ガラス張りのゴンドラから六甲の自然と神戸の街並みの大パノラマが楽しめる。約10分で標高400mのハーブ園山頂駅に到着。インフォメーションでハイキングマップをもらっておこう。❷**神戸布引ハーブ園**は約200種7万5000株のハーブや花々に彩られた12のガーデンのほか、展望のよいレストランやショップなどもあるので、ゆっくり散策したい。

　風の丘中間駅の先の出口ゲートから出て右折、少し歩くと左手にハイキング道の入口がある。九十九折の山道を下り約10分で❸**布引貯水池**に着く。明治33年（1900）に完成した五本松堰堤は国の重要文化財だ。川沿いを下って猿のかずら橋を過ぎ、絶景スポットのみはらし展望台へ。さらに下る

と❹**布引の滝**（4つの滝の総称）で、落差43mで最大の雄滝から夫婦滝、鼓ヶ滝、雌滝と続く。レンガの砂子橋を渡った先で、右手の❺**背山散策路**に入る。ロープウェイの下をくぐって森の中を進み、港みはらし台を過ぎて、最初の四つ角を右折する。

　❻**北野異人館街**には明治から昭和初期にかけて外国人が建てた洋風建築が点在し、約16館が公開されている。風見鶏の館を見下ろす高台の北野天満神社は、平清盛が京都の北野天満宮を勧請して祀られた古社。「北野」の地名の由来といわれ、境内からの眺望がよい。神社前の観光案内所でマップをもらい、異人館やお洒落なカフェなど自由に散策しよう。北野坂やハンター坂などを下っても阪急**神戸三宮駅**に行ける。

Data

●**神戸布引ハーブ園／ロープウェイ** ☎078-271-1160、9時30分～16時45分（3月20日～11月30日の土・日曜・祝日、7月20日～8月31日は～20時15分）、無休（冬期間に2週間程度休業あり）、950円（ロープウェイ片道含む。往復は1500円）
●**北野天満神社** ☎078-221-2139、7時30分～17時、境内自由

竹中大工道具館

たけなかだいくどうぐかん

新神戸駅近くにある、日本で唯一の大工道具の博物館。国内外から収集した3万4千点以上の資料の中から約1000点を展示している。

企画展や講演会、大工による実演や工作のイベントなども開催している。

☎078-242-0216、9時30分～16時30分、月曜休（祝日の場合は翌日）、500円

生田神社

いくたじんじゃ

『日本書紀』に神功皇后元年（201）創建と記されている由緒ある古社。境内には源平合戦の戦場だった「生田の森」や、ゆかりの史跡がある。「ご縁結びのいくたさん」として親しまれ、水みくじが人気。

☎078-321-3851、7～17時（3月～4月28日・9月は～18時、4月29日～8月は～18時30分）、境内自由

布引・北野

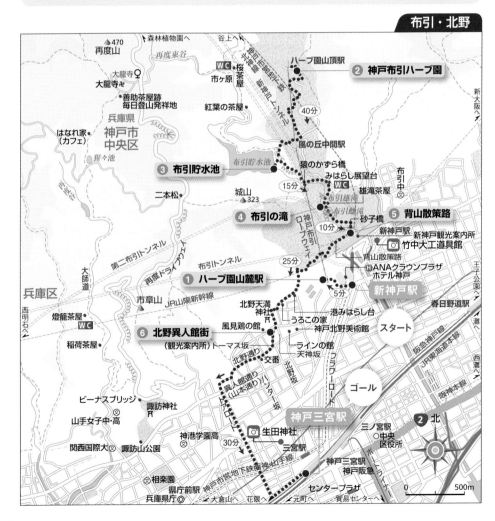

近鉄・南海沿線

近鉄
- 南大阪線
- 橿原線
- 吉野線
- 奈良線

南海
- 高野線

大阪メトロ

佐保・佐紀路

（さほ・さきじ）

奈良

古刹や陵墓が連なる平城山の麓
のどかな歴史の道を歩き平城宮跡へ

▲第一次大極殿から広大な平城宮跡歴史公園を見渡す。左手に若草山が見える

歩行時間								
約2時間20分								

歩行距離 約9km

歩数 約1万8000歩

スタート 近鉄奈良駅 → ❶興福院 25分 → ❷不退寺 20分 → ❸宇和奈辺古墳 10分 → ❹磐之媛命陵 15分 → ❺海龍王寺 25分 → ❻法華寺 10分 → ❼第一次大極殿（平城宮跡） 20分 → ゴール 大和西大寺駅 15分

アクセス

行き：大阪難波駅→近鉄奈良線快速急行→近鉄奈良駅（40分）
帰り：大和西大寺駅→近鉄奈良線快速急行→大阪難波駅（31分）

問い合わせ先

奈良市総合観光案内所
☎0742-27-2223
奈良市観光センター
☎0742-22-3900

駅周辺情報

近鉄奈良駅構内には食事処から喫茶、みやげ物店などがある。駅を出てすぐのアーケード街や三条通にも店が多い。**大和西大寺駅**周辺にも店が多く困ることはない。ただしコース上には少ないので注意。

▲「歴史の道」の標識に沿って歩く

▲興福院の山門、中門の奥に本堂がある

▲不退寺の鎌倉時代に建てられた本堂、南大門、多宝塔は重要文化財

　奈良盆地の北に連なる丘陵は平城山（ならやま）と呼ばれ、東が佐保山、西が佐紀山とされている。この山麓には奈良市が設定した「歴史の道」とよばれるハイキングコースが通っており、案内板や道標などがよく整備されていて歩きやすい。佐保路は東大寺の転害門から西へ、法華寺へ至る道。佐紀路はさらに西大寺へ延びる道である。

　近鉄奈良駅（きんてつならえき）からやすらぎの道を北へ向かう。佐保川を越え、法蓮仲町交差点で平城京の一条大路にあたる一条通りを左折する。やがて石道標に従って右折すると突き当たりが**❶興福院（こんぶいん）**の山門である。美しい庭園のある尼寺で、拝観には事前予約が必要だが、門外から眺めるだけでも奥ゆかしさが伝わってくる。ここから歴史の道の案内板や道標に従い、**❷不退寺（ふたいじ）**へ向かう。平安時代初期の歌人・在原業平（ありわらのなりひら）とゆかりのある寺で、「業平寺」ともよばれ、本尊の聖観音菩薩立像は業平の作と伝わる。

　JRの線路沿いを北に進み、線路を越えて国道24号を渡り、**❸宇和奈辺古墳（うわなべこふん）**へ。周囲を壕に囲まれた全長255mの巨大な前方後円墳だ。古墳の南側に沿って歩き、間に航空自衛隊の敷地をはさんで、西隣にあるのが204mの小奈辺古墳。その北側には仁徳天皇の皇后の墳墓で219mの**❹磐之媛命陵（いわのひめのみことりょう）**がある。大きな古墳と池を巡る水辺の快適な散

▲宇和奈辺古墳は日本で13番目に大きい古墳

Data

●興福院　☎0742-22-2890（拝観要予約）、9〜11時、7〜8月・12〜2月休、拝観料あり
●不退寺　☎0742-22-5278、9〜17時、500円。特別展600円
●海龍王寺　☎0742-33-5765、9〜16時30分、500円。特別公開時は〜17時、600円
●法華寺　☎0742-33-2261、9〜17時、500円。御本尊御開帳時700円、華楽園300円
●第一次大極殿　☎0742-32-5106（文化庁平城宮跡管理事務所）、9時〜16時30分、月曜休（祝日の場合は翌日）、無料

▲国宝である高さ4mの五重小塔がある海龍王寺

歩道を一周し、自衛隊前に戻って南下する。

　ほどなく右手に光明皇后創建の❺**海龍王寺**の表門が見えてくる。参道の築地塀が美しく、春に咲くユキヤナギの名所としても知られる。さらに南下して一条通りとの交差点を右折すると❻**法華寺**。藤原不比等の旧邸宅を娘の光明皇后が寺として創建した格式ある尼寺で、美しい庭園がある。

　少し北上して県道を左折すると平城宮跡歴史公園に入り、やがて朱色鮮やかな❼**第**

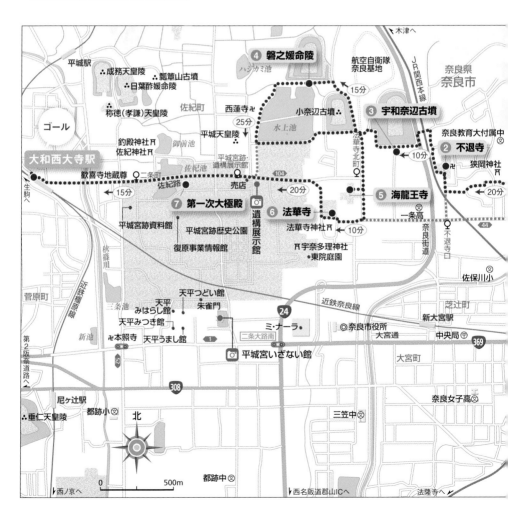

一次大極殿（いちじ だいごくでん）が見えてくる。天皇の即位や元旦朝賀など国家儀式に使われた建物の復元である。総面積132haの広大な園内にはほかにも復元された建物や資料館などが点在している。朱雀門（すざくもん）の南側には平成30年に展示館や観光施設が集まる朱雀門ひろばがオープンした。第一次大極殿から朱雀門まで約1kmあるので、時間と体力に合わせて散策しよう。第一次大極殿の北側の県道を西へ直進すれば**大和西大寺駅**（やまとさいだいじえき）に行き着く。

▲清々しい雰囲気の法華寺 ▼平城宮の正門である朱雀門

佐保・佐紀路

那富山墓
般若寺卍
旧奈良監獄
鴻ノ池運動公園
法蓮町
① 興福院
歴史の道
鴻ノ池
若草中
多聞城跡
中央体育館
奈良県奈良総合庁舎
光明皇后陵
聖武天皇陵
一条通り
法蓮仲町
法蓮橋
保小前
佐保路（一条大路）
転害門
手貝町
369
柳生へ
佐保小
所々古い民家が点在する
奈良育英高・中・小
佐保橋
佐保川
畠山製菓
25分
奈良県立大
奈良女子大
称名寺
奈良県立美術館
雲井坂
蓮長寺
奈良県文化会館
西方寺
裁判所奈良県庁
登大路
開化天皇陵
県庁東
東大寺へ
近鉄奈良駅
やすらぎの道
興福寺
奈良公園
奈良駅
スタート
率川神社
椿井小
猿沢池
春日大社へ
元興寺
169
済美小
天理へ
天理へ

立ち寄り SPOT

平城宮いざない館
へいじょうきゅういざないかん

平城宮跡歴史公園のガイダンス施設。平城宮全域の復原模型（1/200）や大型映像で紹介、出土品や資料を展示している。瓦葺きや組物の体験コーナーもある。
☎0742-36-8780（平城宮跡管理センター）、10～18時（6～9月は～18時30分）、2・4・7・11月の第2月曜休（祝日の場合は翌日）、無料

遺構展示館
いこうてんじかん

平城宮の発掘調査で見つかった奈良時代の役所の建物跡の遺構が、発見当時の状態のままで保存されている。最初にここを見学してから平城宮跡を散策すると、想像力が膨らむ。出土した井戸や建物の復原模型なども展示している。
☎0742-32-5106（文化庁平城宮跡管理事務所）、9時～16時30分、月曜休（祝日の場合は翌日）、無料

近鉄郡山駅
きんてつこおりやま
KINTETSUKORIYAMA
◀ ▶

やまとこおりやま
大和郡山
奈良

江戸時代の面影が残る城下町
のどかな金魚の里を歩く

▲郡山城の天守台の石垣は石仏や五輪塔を寄せ集めた転用石で独特な趣き

歩行時間
約**1時間40分**

歩行距離
約**6.5**km

歩　数
約**1万3000**歩

スタート	①	②	③	④	⑤	⑥	⑦	ゴール
近鉄郡山駅	箱本館「紺屋」	外堀緑地公園	源九郎稲荷神社	郡山金魚資料館	大納言塚	永慶寺	郡山城跡	近鉄郡山駅
	10分	10分	15分	15分	15分	10分	10分	15分

アクセス

行き：大阪難波駅→近鉄奈良線快速急行→大和西大寺駅→近鉄橿原線急行→近鉄郡山駅（37分）**帰り**：往路を戻る
＊約1km東にあるJR関西本線の郡山駅を利用も可。大阪駅→大和路快速→郡山駅（約45分）

問い合わせ先

大和郡山市観光協会
☎0743-52-2010

駅周辺情報

近鉄郡山駅の東口を出るとすぐ左手に郡山駅前商店街の入口があり、コンビニもある。商店街は道が狭い割に車の行き来が多いので注意したい。

▲紺屋町の水路は染物を晒すのに利用した

▲2021年3月、150年ぶりに復活した極楽橋

▲養殖池の中に郡山金魚資料館がある

▲郡山城の外堀を生かした外堀緑地公園

▲永慶寺の山門は郡山城の南門を移築

豊臣秀吉の弟、秀長が入封して栄えた大和郡山。商工業の業種を分け、箱本十三町という自治組織がつくられた。現在も残る豆腐町や大工町、材木町などの地名はその名残だ。江戸中期には柳澤吉里が甲府から入封して金魚養殖が始まったと伝わり、養殖池が広がるのどかな景色も楽しめる。

近鉄郡山駅の東口から出て、紺屋町へ向かう。中央に水路が流れる通りに、昔は藍染商が軒を連ねていた。江戸時代の藍染商の町家を再生した**❶箱本館「紺屋」**では、金魚や藍染に関する展示をしている。

水路沿いから路地を歩き、**❷外堀緑地公園**に北門から入る。郡山城の外堀を整備した全長580mの公園だ。南門から出て少し北上し、洞泉寺町の路地に入る。表窓の細格子など、かつての花街の面影が残り、大正時代の木造3階建て遊郭建築の建物が「町屋物語館」として一般公開されている。突き当たりにある**❸源九郎稲荷神社**は義経の伝説で知られ、隣に秀長が建立した洞泉寺がある。

柳町商店街を通り、細い路地を南下して四つ角を右折すると、金魚の養殖池が広がるのどかな道になる。**❹郡山金魚資料館**ではさまざまな種類の金魚を見学できる。新木山古墳に沿って右折し、秀長の墓所である**❺大納言塚**へ。県道を越えてさらに北上すると柳澤家の菩提寺**❻永慶寺**があり、旧郡山城の城門を移築したという山門が立つ。

城跡公園に入り、柳澤神社の大鳥居から**❼郡山城跡**の天守台へ進む。高い石垣の上の展望施設からは、薬師寺や若草山まで見渡せる。柳澤家から寄贈された書画や藩政資料などを公開している柳沢文庫や、明治41年築の旧県立図書館などを見て、追手門から出る。踏切を渡って三の丸緑地を通り、**近鉄郡山駅**に戻る。

Data

●箱本館「紺屋」 ☎0743-58-5531、9〜17時、月曜休(祝日の場合は翌日、臨時休館日あり)、無料
●町家物語館 ☎0743-52-8008、9〜17時、月曜(祝日の場合は翌日)・祝日の翌日休、無料
●郡山金魚資料館 ☎0743-52-3418、9〜17時、月曜休、無料
●永慶寺 ☎0743-52-2909、9〜16時、境内自由
●郡山城天守台展望施設 7〜19時(10〜3月は〜17時)、無料
●柳沢文庫 ☎0743-58-2171、9〜17時、月曜・第4火曜休(祝日の場合は開館)、300円

本家菊屋
ほんけきくや

創業400年を超える和菓子の老舗。名物「御城之口餅」は上品な甘さの粒餡を餅で包み、きな粉をまぶした一口サイズ。秀吉に献上してたいそう気に入られたという歴史ある銘菓だ。150年以上前に再建された店舗のなかで食べることもできる。

☎0743-52-0035、8時～19時30分、無休

こちくや
こちくや

紺屋町にあるみやげ物店で、金魚の町らしく金魚をモチーフにしたさまざまなグッズが所狭しと並んでいる。併設の「金魚すくい道場」では金魚すくいに1回50円で挑戦でき、大和郡山市で毎年8月に開催される「全国金魚すくい選手権大会」の練習に訪れる人も多い。

☎0743-55-7770、9～18時、無休

大和郡山

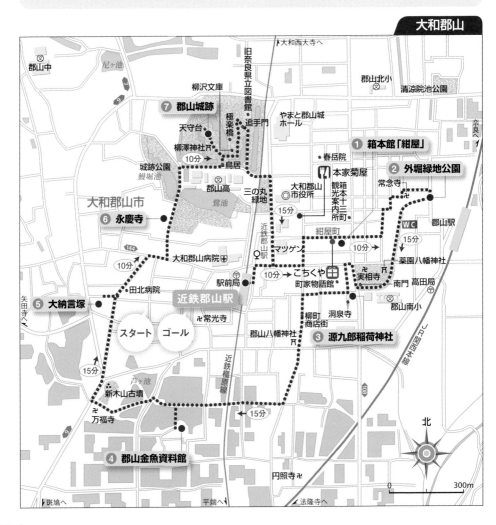

郡山中
尼ヶ池
柳沢文庫
旧奈良県立図書館
▶大和西大寺へ
郡山北小
清涼院池公園
⑦ 郡山城跡
天守台
極楽橋
追手門
やまと郡山城ホール
奈良へ
柳澤神社
10分
鳥居
春岳院
① 箱本館「紺屋」
城跡公園
鰻堀池
郡山高
鷺池
三の丸緑地
大和郡山市役所
本家菊屋
観箱本光本十案三内所町
常念寺
② 外堀緑地公園
大和郡山市
15分
郡山駅
WC
郡山駅
⑥ 永慶寺
144
近鉄郡山駅
紺屋町
15分
大和郡山病院
マツゲン
10分
薬園八幡神社
10分
実相寺
南門
高田局
駅前局
10分
こちくや
田北病院
町家物語館
⑤ 大納言塚
近鉄郡山駅
常光寺
郡山南小
スタート ゴール
柳町商店街
洞泉寺
矢田寺へ
15分
郡山八幡神社
③ 源九郎稲荷神社
新木山古墳
15分
万福寺
④ 郡山金魚資料館
円照寺
北
0 300m
▶斑鳩へ
平端へ
▶法隆寺へ

飛鳥路 I （奈良）

<ruby>飛鳥路<rt>あすかじ</rt></ruby>

甘樫丘に登って飛鳥の里を見下ろし謎の石造物を訪ねながら歩く

橿原神宮前駅
かしはらじんぐうまえ
KASHIHARAJINGUMAE
◀ ▶

▲甘樫丘展望台から大和三山の一つ、畝傍山を望む

スタート 橿原神宮前駅

❶甘樫丘展望台 — 40分
❷飛鳥寺 — 20分
❸奈良県立万葉文化館 — 10分
❹酒船石 — 5分
❺飛鳥宮跡 — 5分
❻川原寺跡 — 10分
❼亀石 — 10分

25分 → ゴール 岡寺駅

歩行時間 約2時間5分

歩行距離 約8.4km

歩数 約1万7000歩

アクセス

行き：大阪阿部野橋駅→近鉄南大阪線急行→橿原神宮前駅（37分）　**帰り**：岡寺駅→近鉄吉野線・南大阪線急行→大阪阿部野橋駅（42分）
＊大阪阿部野橋駅はJR線や地下鉄御堂筋線の天王寺駅と、徒歩3分程度で連絡している

問い合わせ先

飛鳥観光協会
☎0744-54-3240
飛鳥総合案内所
☎0744-54-3624

駅周辺情報

橿原神宮前駅の構内および周辺には、コンビニをはじめ飲食店やみやげ物店、パン店、弁当店などなんでも揃っている。**岡寺駅**周辺は飲食店などは少ない。

▲酒船石は酒の醸造に使用されたとの説がある

▲川原寺跡の向こうに橘寺が見える

▲蘇我入鹿首塚の向こうに飛鳥寺

▲複数の宮が置かれた飛鳥宮跡

▲長さ3.6m、高さ1.8mもある亀石

　日本の古代文化と仏教文化の原点ともいえる飛鳥。山と丘陵に囲まれた風光明媚な里には社寺や宮跡、ユニークな石造物などさまざまなみどころが点在している。自転車やバスを利用すればコース21と合わせて回れるが、いにしえの里をのんびり歩こう。

　橿原神宮前駅から県道124号を東へ向かって歩き始める。飛鳥川の手前で標識に従って右折すると豊浦寺跡（向原寺）で、その先から甘樫丘へ登る。

　標高約148mの❶甘樫丘展望台からは、飛鳥の里や大和三山（耳成山、香久山、畝傍山）などが一望できる。これから歩いていく場所を見定めたら、丘を下って飛鳥川を渡り、❷飛鳥寺に向かう。飛鳥寺は蘇我馬子が6世紀末頃に建立した日本初の本格的寺院で、飛鳥大仏とよばれる釈迦如来像が鎮座する。境内の西側には蘇我入鹿の首塚といわれる五輪塔が立っている。

　❸奈良県立万葉文化館は『万葉集』を中心に古代文化を紹介、北側にある飛鳥池工房遺跡から発掘された日本最古の富本銭などの出土品も展示している。平山郁夫などの日本画家が万葉をモチーフに創作した絵

画を所蔵する日本画展示室もある。近くには斉明天皇の祭祀に関係する遺跡と考えられている亀形石造物があり、右手の階段を上ると5.3mの巨石で用途が未だに謎である❹酒船石が横たわっている。

　少し南下して右折すると、広い田園の中に❺飛鳥宮跡がある。中大兄皇子と中臣鎌足らが蘇我入鹿を暗殺して大化の改新のきっかけとなった場所だ。南へ歩き、郵便局の角を右折して西へ向かうと、右手に飛鳥四大寺の一つに数えられた❻川原寺跡が広がる。金堂や塔などの礎石が復元されている。少し道をそれて❼亀石を見に行く。ここから飛鳥駅と岡寺駅へはほぼ同じ距離だが、岡寺駅を利用し、国道手前の北側にある丸山古墳を見て帰るのもよい（P84地図参照）。全長約310m、県最大の前方後円墳だ。

Data

●飛鳥寺　☎0744-54-2126、9時〜17時30分（10〜3月は〜17時）、350円
●奈良県立万葉文化館　☎0744-54-1850、10時〜17時30分、月曜休（祝日の場合は翌日）、無料。展示室は有料
●亀形石造物　☎0744-54-4577（明日香村地域振興公社）、8時30分〜17時（12〜2月は9〜16時）、300円

立ち寄り S P O T

今西誠進堂
いまにしせいしんどう

酒船石から下りてきた所にある和菓子店。自家製の餡がたっぷり入った人気の焼餅は、秘伝の特殊製法により1〜2日はやわらかさが保たれるのでおみやげにもいいが、店内のイートインスペースで醤油味の香ばしいみたらしだんごと一緒に焼きたてを味わいたい。
☎0744-54-5288、9〜17時、火曜休

明日香村埋蔵文化財展示室
あすかむらまいぞうぶんかざいてんじしつ

旧飛鳥小学校の建物を利用し、明日香村が発掘した遺跡の出土品やキトラ古墳石室模型などを展示。隣に農産物等直売所「あすか夢の楽市」（9〜17時、無休）、駐車場南側に漏刻（水時計）の遺構の飛鳥水落遺跡がある。
☎0744-54-5600（明日香村文化財課）、9〜17時、無休、無料

飛鳥路Ⅰ

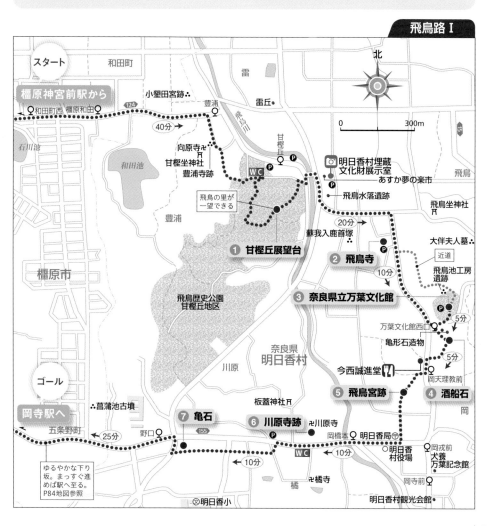

飛鳥駅
あすか
ASUKA
◀　　　▶

飛鳥路Ⅱ （あすかじ） 奈良

聖徳太子ゆかりの橘寺から石舞台古墳へ
古代ロマンが息づく伸びやかな里歩き

▲彼岸花の揺れるのどかな田園風景のなかにたたずむ橘寺。聖徳太子の生誕地と伝わる

歩行時間 約2時間35分									
歩行距離 約9km	スタート 飛鳥駅	❶ 高松塚壁画館	❷ 橘寺	❸ 石舞台古墳	❹ 岡寺	❺ 犬養万葉記念館	❻ 鬼の俎・鬼の雪隠	❼ 猿石	ゴール 飛鳥駅
歩数 約1万8000歩		15分	35分	25分	20分	10分	30分	10分	10分

🚃 アクセス

行き：大阪阿部野橋駅→近鉄南大阪線・吉野線
急行→飛鳥駅（42分）
帰り：往路を戻る
＊近鉄特急も利用できる（所要40分、特急料金
520円）

問い合わせ先

飛鳥総合案内所
☎0744-54-3624
飛鳥観光協会
☎0744-54-3240

🏠 駅周辺情報

飛鳥駅前の総合案内所・飛鳥びとの館（8時
30分～17時）で観光情報やマップを入手で
き、みやげ物も販売している。交差点を渡
ると農産物直売所のあすか夢販売所（9～
17時）がある。

▲極彩色の壁画が発見された高松塚古墳

▲のどかな田園の道を通って橘寺へ

▲石舞台古墳の石室は長さ19.1m、高さ4.7mもあり、日本最大級の方墳

　飛鳥が古代日本の政治と文化の中心地だったのは、推古天皇が豊浦宮で即位した崇峻5年（592）から、藤原京へ移るまでの100年余りであったという。のどかな田園には今も多くの遺跡が残り、古代の様子を想像しながら快適なウォーキングが楽しめる。ほぼ平坦なコースだが、山の中腹にある岡寺へは急坂を上る。

　飛鳥駅から県道209号を歩き始める。飛鳥歴史公園の高松塚周辺地区に入ると県道の北側に飛鳥歴史公園館、南側奥には藤原京期に造られた直径23mの二段式円墳の高松塚古墳がある。近くの❶高松塚壁画館では、昭和47年発見当時の壁画の「現状模写」と「復元模写」、石室の原寸大模型や副葬品のレプリカなどを展示している。

　県道に戻って次の交差点を右折、次の角を左折して

▲岡寺の三重宝塔付近から飛鳥の里を望む

田園と集落の中を歩く。明日香小学校の四つ角で右折すると、やがて田んぼの向こうに❷橘寺の西門が見えてくる。聖徳太子の生誕地といわれ、本尊は聖徳太子35歳の姿とされる聖徳太子座像である。東門から出て飛鳥周遊歩道を歩く。玉藻橋を渡ると飛鳥歴史公園の石舞台地区で、❸石舞台古墳の入り口は公園の北側にある。古墳は盛土が無くなり、大きな横穴式石室がむき出しになっている。30数個の巨岩の総重量は約2300トンで、蘇我入鹿の祖父・馬子の墓ではないかといわれている。公園内には食事処や売店もあり、休憩するのによい。

Data

●高松塚壁画館　☎0744-54-3340、9〜17時、無休、300円
●飛鳥歴史公園館　☎0744-54-2441（飛鳥管理センター）、9時30分〜17時（12〜2月は〜16時30分）、無休、無料
●橘寺　☎0744-54-2026、9〜17時、350円
●石舞台古墳　☎0744-54-4577、8時30分〜17時、無休、300円
●岡寺　☎0744-54-2007、8時30分〜17時（12〜2月は〜16時30分）、400円
●犬養万葉記念館　☎0744-54-9300、10〜17時、水曜休、無料

▲岡寺の仁王門は慶長17年(1612)の建立で重文

飛鳥周遊歩道をたどって岡寺へ向かう。急な上りで小高い峠を越えて参道に入り、西国三十三所第7番札所❹**岡寺**(おかでら)に到着する(急な上りを避けるなら石畳の参道を往復してもよい)。4月中旬〜5月上旬は約3000株ものシャクナゲが咲き誇る。石畳の参道を西へ下り、石鳥居をくぐって右折すると❺**犬養万葉記念館**(いぬかいまんようきねんかん)がある。『万葉集』研究の第一人者、犬養孝氏の業績を称え、直筆原稿や遺愛の品を展示。カフェも併設している。

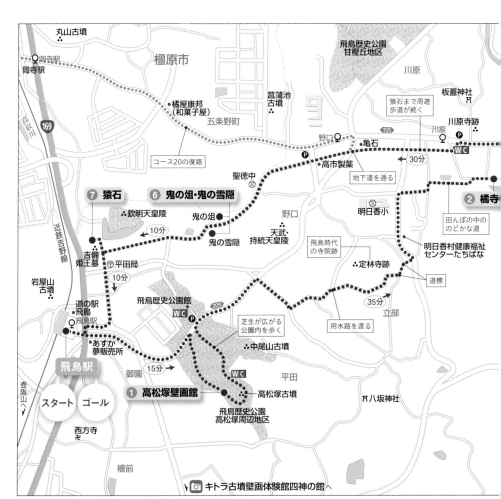

飛鳥川沿いを歩いて県道155号に合流、川原寺跡を過ぎると左手の細い道に入って亀石へ。地下道を通って進み、聖徳中学校を過ぎると道の左右に巨石の**❻鬼の俎・鬼の雪隠（せっちん）**がある。鬼が捕えた旅人を俎で料理し、雪隠で用を足したという言い伝えがおもしろい。次の四つ角で右折すると奥が欽明天皇陵で、手前左の吉備姫王墓（きびひめのみこのはか）には1mほどのユーモラスな**❼猿石（さるいし）**が4体並んでいる。南下して**飛鳥駅（あすかえき）**へ戻ろう。

▲鬼の俎は長さ約4mに、厚さ1mで古墳の床石と推定される

▲鬼の雪隠（トイレ）

▲江戸時代に発掘された猿石

飛鳥路Ⅱ

❺ 犬養万葉記念館
❹ 岡寺
❸ 石舞台古墳
夢市茶屋（明日香の夢市）

奈良県
明日香村

立ち寄り SPOT

夢市茶屋
ゆめいちちゃや

石舞台古墳近くのみやげ処「明日香の夢市」2階にある地元食材を使った農村レストラン。メニューは季節で変わり、3〜11月は古代米御膳や古代米カレー、12〜2月は飛鳥鍋御膳などが人気。
☎0744-54-9450、11〜16時（土・日曜、祝日は〜17時）、無休

キトラ古墳壁画体験館 四神の館
きとらこふんへきがたいけんかん しじんのやかた

映像や石室模型などの展示でキトラ古墳と古代飛鳥を紹介。1階の文化庁キトラ古墳壁画保存管理施設では出土品展示（水曜休）や期間限定で実物壁画公開（事前申込制）。壺阪山駅から徒歩15分、高松塚壁画館へ徒歩20分。飛鳥駅から徒歩30分、バスあり。☎0744-54-5105、9時30分〜17時（12〜2月は〜16時30分）、無休、無料

高取城跡 （奈良）

たかとりじょうせき

壺坂寺から日本三大山城の高取城跡へ
山道を登る健脚向けのコース

▲城内の周囲約3km、城郭の周囲約30kmという広大な高取城。迷路のような石垣が続く

歩行時間	
約**3時間40分**	

歩行距離	
約**11km**	

歩　数	
約**2万5000歩**	

スタート　壺阪山駅

❶信楽寺　20分
❷壺阪寺　40分
❸五百羅漢　20分
❹高取城本丸跡　40分
❺猿石　20分
❻上子島砂防公園　40分
❼植村家長屋門　20分
ゴール　壺阪山駅　20分

アクセス

行き：大阪阿部野橋駅→近鉄南大阪線・吉野線
急行→壺阪山駅（45分）
帰り：往路を戻る
＊近鉄特急の利用もできる（所要43分、特急料
金520円）

問い合わせ先

高取町観光協会
☎0744-52-1150

駅周辺情報

壺阪山駅前には飲食店やコンビニはないの
で、必要な物は事前に用意しておいたほう
が無難。土佐街道沿いにも数軒あるだけ。

▲室町時代に作られたという五百羅漢

▲明日香に4つある猿石と同類の猿石

▲山の斜面に立つ壺阪寺は紅葉の名所

▲山歩きを終えて上子島砂防公園へ

▲家老屋敷の植村家長屋門は間口39m

標高584mの高取山山頂に築かれた高取城は、日本三大山城の一つといわれ、石垣や石塁が往時の壮大さを伝えている。また、家臣らの屋敷が山上から街道筋に移って城下町ができ、今も古い町並みが残っている。

壺阪山駅を出て土佐街道へ。古い店構えの薬屋や酒屋、下屋敷の門を移築した病院などが立ち並んでいる。児童公園のある四つ角が札の辻で、石標に従い右折する。

少し行くと❶信楽寺で、夫婦愛の物語『壺坂霊験記』のお里・沢市の墓がある。旧街道から県道に合流し、500mほど先で左手の壺阪寺旧参道に入り、山道を上っていく。

西国三十三所第6番札所の❷壺阪寺は眼病封じで知られ、広い境内には本尊の十一面千手観世音菩薩を祀る八角形の御堂や、20mの大観音石像などみどころが多い。

寺から車道を500mほど歩くと左手に道標が立ち、ここから山道に入る。まもなく岩肌のあちこちに石仏群が刻まれた❸五百羅漢がある。険しい山道を上っていく途中、八幡神社の前後で車道と合流するが、すぐに山道に戻る。森に埋もれそうな石垣が現れ、やがて壺阪口門跡を過ぎて三の丸跡、二の丸跡と進むにつれて、立派な石垣が次々と現れる。壮大な山城だったことを体感・想像しながら、ひときわ高くそびえる石垣に囲まれた❹高取城本丸跡へ。南の方向に吉野の山並みを眺めながら、ひと息つこう。

下りは三の丸跡手前から土佐街道へのルートで。石垣の間を下る途中で、国見櫓跡へ寄る。大和の国や大阪、神戸方面まで見渡せる絶景ポイントだ。二の門跡を過ぎると飛鳥への分岐点に❺猿石が置かれている。急な一升坂を下り、敵が攻めにくいようにカーブを繰り返す七曲りを過ぎると視界が広くなり、❻上子島砂防公園に着く。ハイカーに人気の休憩スポットだ。さらに進むと江戸時代に建てられた❼植村家長屋門があり、その先が札の辻で、再び土佐街道を歩いて壺阪山駅へ戻ろう。

Data

●壺阪寺 ☎0744-52-2016、8時30分～17時、600円。※距離の長いコースなので、壺坂寺まで駅から奈良交通バス壺阪寺前行き(本数が少ないので事前に時刻表を確認)を利用するのもいい。

立ち寄り **S|P|O|T**

町家カフェのこのこ
まちやかふぇのこのこ

土佐街道沿いにある町屋カフェ。戦前の米蔵を改造した広い店内は天井が高く、テラス席もある。フードメニュー（11時〜14時30分）は月替わりの「のこのこランチ」や、豆腐ハンバーグランチなどが人気。
☎0744-52-4771、9〜17時（12〜2月は〜16時）、木曜休

夢創舘
むそうかん

大正時代の呉服店を改装した観光案内所で、土佐街道沿いにある。高取城のCG再現映像を上映しているので、城跡に登る前に見ておくと散策がもっとおもしろくなるだろう。蔵の一部を利用した「くすり資料館」もある。
☎0744-52-1150、9時30分〜16時30分、月曜休（祝日の場合は翌日）

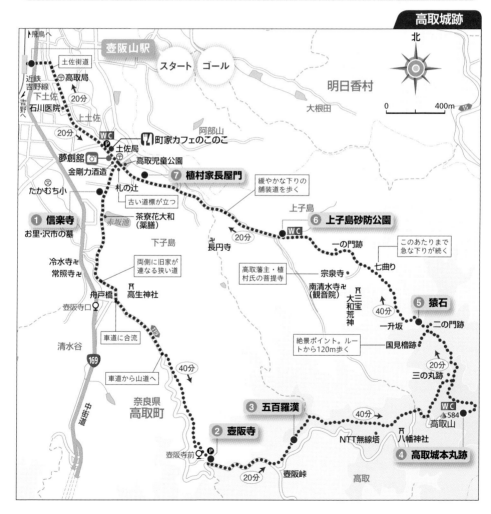

高取城跡

88

二上神社口駅
にじょうじんじゃぐち
NIJOJINJAGUCHI
◀ ▶

當麻の里
（たいまのさと）
〔奈良〕

二上山の美しい姿を仰ぎながら
中将姫伝説と花に彩られた寺を訪ねる

▲二上山を借景に四季折々の花が咲く石光寺。ボタンは420種類2700株

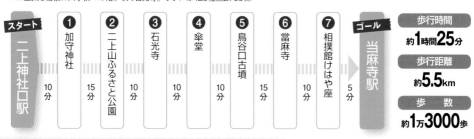

スタート
二上神社口駅

❶ 加守神社 — 10分
❷ 二上山ふるさと公園 — 15分
❸ 石光寺 — 10分
❹ 傘堂 — 10分
❺ 鳥谷口古墳 — 10分
❻ 當麻寺 — 15分
❼ 相撲館けはや座 — 10分

ゴール
当麻寺駅 — 5分

歩行時間
約**1**時間**25**分

歩行距離
約**5.5**km

歩　数
約**1**万**3000**歩

🚃 アクセス

行き：大阪阿部野橋駅→近鉄南大阪線準急→二上神社口駅（35分）
帰り：当麻寺駅→近鉄南大阪線準急→大阪阿部野橋駅（41分）

問い合わせ先

葛城市商工観光課
☎0745-48-2811

🏠 駅周辺情報

二上神社口駅、**当麻寺駅**とも自動販売機があるのみなので、弁当を持参した方が無難。当麻寺駅前にサツマイモを使った「どっこいまんじゅう」の店がある。

▲江戸の名工・左甚五郎の作という傘堂

▲當麻寺西南院のボタンは4月中旬頃〜

▲當麻寺の仁王門（東大門）

▲相撲ファンに人気の相撲館けはや座

▲二上山ふるさと公園からの眺め

大和と河内を結ぶ日本初の官道、竹内街道が東西に走る二上山の麓に広がる當麻の里。奈良時代、美貌と才能を継母に疎まれて當麻寺で尼となり、一夜で當麻曼荼羅を織り上げたという中将姫ゆかりの地を巡る。

二上神社口駅は、休日になると二上山への登山客が多くなる。駅を出て西へ向かい、国道を越えて直進すると、二上山の登山口の隣に**❶加守神社**がある。標識まで戻って右折し、池や田んぼが続くのどかな道を歩く。道の駅ふたかみパーク當麻の西側が**❷二上山ふるさと公園**で、お弁当を広げるのにぴったりだ。時間と体力があれば456段の長い石段を登って、奈良盆地を一望できる展望台まで行ってみよう。

道標に従い**❸石光寺**へ向かう。中将姫が曼荼羅図を織るために蓮糸を染めたと伝わる井戸「染めの井」と、糸を干した糸掛桜が残っている。関西花の寺二十五カ所第20番で、ボタンの名所として有名だ。

西へ進み、厳島神社の石垣に沿っていくと**❹傘堂**がある。一本柱で瓦屋根を支える珍しいお堂だ。南側に見える赤い鳥居から長い参道を上り、當麻山口神社へ。本堂か

ら道路に出て大池に沿って進むと**❺鳥谷口古墳**がある。大津皇子の墓という説がある一辺約7.6mの方墳で、石室が柵越しに見える。来た道を戻って東へ向かい、四つ角を右折して**❻當麻寺**の北門をくぐる。

飛鳥時代以来の長い歴史を有し、境内には東西2つの三重塔や、本堂(曼荼羅堂)、金堂などが立つ。中之坊や奥の院、護念院など13の塔頭寺院があり、庭や寺宝を公開しているところもある。その一つ、西南院は関西花の寺二十五カ所第21番でもあり、シャクナゲやボタンが見事だ。

仁王門から出て、両側に大和棟の民家やみやげ物店が点在する参道を東へ進む。葛城市は相撲発祥の地と伝わり、本場所と同じサイズの土俵がある相撲の資料館**❼相撲館けはや座**がある。ここから**当麻寺駅**は近い。

Data

●二上山ふるさと公園　☎0745-48-7800、9〜17時、火・水曜休(祝日の場合は開園)、無料
●石光寺　☎0745-48-2031、8時30分〜17時(11〜3月は9時〜16時30分)、400円
●當麻寺　☎0745-48-2001(中之坊)、9〜17時、境内自由。本堂・金堂・講堂拝観500円、各塔頭は別料金
●相撲館けはや座　☎0745-48-4611、10〜17時、火・水曜休(祝日の場合は開館)、300円

立ち寄り **SPOT**

中将堂本舗
ちゅうじょうどうほんぽ

當麻寺の名物は中将姫伝説にちなんだ中将餅。自家製のもち米と葛城の里でとれたヨモギをついた草餅の上に、ボタンの花びらを型どった上品な甘さの餡をのせたもの。店内では餅2個と煎茶のセット300円などを味わえる。
☎0745-48-3211、9〜18時（売り切れ次第終了）、7月・8月中旬〜31日・12/31〜1月初旬休

道の駅 ふたかみパーク當麻
みちのえき ふたかみぱーくたいま

地元農家が作った新鮮な野菜や生花、オリジナルの加工品や奈良みやげなどを販売。眺めのいいレストランでは當麻の食材を使った郷土料理が楽しめる。土・日曜限定の、ふすま入り手作り・手打ちうどん「當麻の家うどん」が人気。
☎0745-48-7000、9〜17時（レストランは〜16時）、無休

當麻の里

藤井寺周辺 〔大阪〕

ふじいでらしゅうへん

千手観音の葛井寺から道明寺天満宮へ
世界遺産に登録された古墳群を訪ねる

▲仁徳天皇陵古墳に次ぐ全国第2位の大きさを誇る応神天皇陵古墳

歩行時間	スタート	❶	❷	❸	❹	❺	❻	❼	ゴール
約**2**時間**10**分	藤井寺駅	葛井寺	善光寺	津堂城山古墳	沢田橋	応神天皇陵拝所	誉田八幡宮	道明寺天満宮	道明寺駅
歩行距離		5分	15分	10分	35分	15分	25分	20分	5分
約**8.5**km									
歩 数									
約**1**万**7000**歩									

アクセス

行き：大阪阿部野橋駅→近鉄南大阪線準急→藤井寺駅(13分)／**帰り**：道明寺駅→近鉄南大阪線準急→大阪阿部野橋駅(18分) ＊道明寺駅からは近鉄道明寺線4分でJR関西本線柏原駅に出ることもできる

問い合わせ先

藤井寺市観光協会
☎072-939-1096
羽曳野市観光協会
☎072-958-1111

駅周辺情報

藤井寺駅の周辺にはコンビニやファストフード店、商店街などがあり大変便利。**道明寺駅**周辺にはスーパーやコンビニはあるが、飲食店は少ない。

▲紫雲山の号が掛かる葛井寺の南大門

▲里山的な自然が今も残る津堂城山古墳

▲みどり豊かな辛國神社の参道

▲落ち着いた雰囲気の葛井寺境内

▲長野の善光寺の元祖とも伝わる善光寺

西国三十三所第5番札所の葛井寺と、梅の名所で知られる道明寺天満宮の間に、古墳が点在している。藤井寺市と羽曳野市に広がる古市古墳群で、4世紀後半〜6世紀中頃に120基以上もの古墳が造られ、現在も45基が残っている。その中で一番大きな古墳にも足を延ばし、歴史と花を楽しもう。

藤井寺駅の南に出て東へ少し歩き、藤井寺一番街商店街に入る。すぐに藤井寺まちかど情報館「ゆめぷらざ」があるので、併設の観光案内所で観光マップなどもらおう。アーケードを抜けると左手に葛井寺の四脚門があるが、まずはその先にある辛國神社へ。物部氏が祖神を祀ったのが始まりという歴史ある神社で、一の鳥居から拝殿へと続く緑に包まれた参道は「大阪みどりの百選」に選ばれている。

鳥居を出て東に向かうと、すぐに❶葛井寺

▲この先に津堂城山古墳がある

の南大門がある。広い境内では4月中旬〜5月上旬頃に藤まつりが行われ、大勢の参拝者が訪れる。本尊の国宝・千手観音は実際に千本以上（1043本）の手を持つ貴重な仏像で、毎月18日に限って開帳される。

商店街を戻って踏切を渡り、駅前北商店街のアーケードを抜けて北上する。本田善光の伝説がある❷善光寺を経て、産土神社前で左折する。400mほど先で津堂会館の標識に従って右折し、❸津堂城山古墳に着く。4世紀後半に造られた210mの大型前方後円墳だ。古墳内には津堂八幡神社があり、周囲は花しょうぶ園や草花園が整備され、菜

▲よく整備された大水川沿いの散策公園

▲誉田八幡宮は応神天皇陵を背にして建つ

▲東高野街道の石碑

▲埴輪が配された誉田八幡宮の放生池

▲道明寺天満宮の本殿裏に広がる梅園

▲立派な楼門を構える道明寺

の花やコスモスなど四季折々に花が咲く。散策の途中で古墳について学べるガイダンス棟にも寄ろう。古墳南東部の交差点から東へ向かい、大水川(おおずい)まで来たら川沿いの散策公園を南へ歩いていく。

❹沢田橋(さわだばし)を過ぎて近鉄線の手前でいったん大水川と別れ、踏切を渡る。再び川と出合って橋を渡ると、右手に応神天皇陵古墳が現れる。全国で2番目に大きい425mの前方後円墳だ。❺応神天皇陵拝所(おうじんてんのうりょうはいしょ)を往復してから古墳の西側をたどって南下し、青陵町会館で左折すると❻誉田八(こんだはち)幡宮(まんぐう)の南大門に着く。応神天皇を主祭神とし、毎年9月15日の大祭では神輿が境内の太鼓橋を渡って応神天皇陵へ渡御

▲誉田八幡宮へ古墳の西縁に沿って歩く

する儀式が行われる。

東門から出て北上し、東高野街道の石碑が立つ分岐を右にとってさらに進むと、道明寺に着く。菅原道真ゆかりの尼寺で、道真の作と伝わる国宝の十一面観世音像を本尊とし、桜餅などの材料に使われる道明寺粉の発祥の地といわれている。手前の四つ角を東へ行くと学問の神様として信仰を集める❼道明寺天満宮(どうみょうじてんまんぐう)。道真の叔母である覚寿尼が住み、宝物館にある道真の遺品のうち6点が国宝である。2〜3月にかけて梅園に800本もの梅が咲き、梅まつりが開催される。東に歩いて小さな商店街を抜けると道明寺駅(どうみょうじえき)に着く。

╠ Data ╣
●辛國神社 ☎072-955-2473、6〜17時、境内自由
●葛井寺 ☎072-938-0005、8〜17時、境内自由。毎月18日の本尊御開帳は9時〜16時30分、500円
●誉田八幡宮 ☎072-956-0635、境内自由
●道明寺 ☎072-955-0133、境内自由。本尊拝観は毎月18・25日、4/17、1/1〜3の9〜16時、500円
●道明寺天満宮 ☎072-953-2525、境内自由。梅まつり期間中は梅園9〜17時、300円。梅まつり期間中の土・日曜・祝日などに開館される宝物館300円

立ち寄り **SPOT**

🍴 ヴィクリディタサマデ・キリク

ゔぃくりでぃたさまできりく

葛井寺境内にある瀟洒な茶店。ヴィクリディタは「遊び空間」、サマデは「気持ちを静かにして乱さない」、キリクは「千手観音」を表すという。ガラス張りの店内から境内が見渡せ、名物の葛餅を抹茶付きで味わえる。おみやげ用の葛餅なども販売している。

9〜17時、木曜休

📷 まほらしろやま

まほらしろやま

史跡城山古墳ガイダンス棟。出土した埴輪や土器に写真やイラストを加え、津堂城山古墳についてわかりやすく学ぶことができる展示施設。古墳の内濠部分には花しょうぶ園や草花園があり、四季折々の花を楽しめる。

☎072-939-1419（藤井寺市教育委員会文化財保護課）、9〜16時、無休、無料

藤井寺周辺

淀屋橋駅
よどやばし
YODOYABASHI

◀　　　▶

大川沿い
（おおかわぞい）

大阪

中之島公園から川辺を歩いて大阪城へ
水の都を体感するアーバンウォーク

▲両岸とも春は桜、初夏は新緑、秋は紅葉が美しい大川あたり

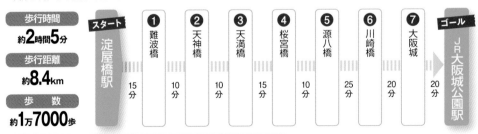

歩行時間
約**2**時間**5**分

歩行距離
約**8.4**km

歩数
約**1**万**7000**歩

スタート
淀屋橋駅

❶ 難波橋　15分

❷ 天神橋　10分

❸ 天満橋　10分

❹ 桜宮橋　15分

❺ 源八橋　10分

❻ 川崎橋　25分

❼ 大阪城　20分

20分

ゴール
JR大阪城公園駅

アクセス

行き：大阪梅田駅→大阪メトロ御堂筋線→淀屋橋駅（3分）　**帰り**：大阪城公園駅→JR大阪環状線内回り→大阪駅（9分）
＊行きは京阪淀屋橋駅、帰りは大阪メトロ谷町四丁目駅、京阪天満橋駅なども利用できる

問い合わせ先

大阪観光局
☎06-6131-4550

🏠 駅周辺情報

大阪メトロ**淀屋橋**駅は京阪の淀屋橋駅と地下で連絡している。地上に出て御堂筋を北に向かうと中之島公園。JR**大阪城公園**駅の前に商業施設JO-TERRACE OSAKAがある。

▲この大江橋から中之島公園に入る

▲天神橋から中之島を振り返る

▲泉布観の一般公開は春の3日間のみ

▲難波橋の名物、阿吽のライオン像

▲八軒家浜は水上交通のターミナル

▲源八橋で折り返して左岸へ

淀屋橋駅を出て、まずは中之島公園の散策からはじめる。ここは大阪市が管理する最初の公園として明治24年に誕生した。両側を堂島川と土佐堀川が流れる緑の空間で、殺風景な都会にあってオアシスのような島だ。ここには明治・大正のレトロモダンな建物があるので見ていこう。明治37年に開館した中之島図書館はギリシャ神殿風の正面と教会のようなドームが印象的。大正7年に建てられた中央公会堂はネオ・ルネッサンス様式の建築といわれ、赤レンガと青銅のドームは中之島のシンボル的存在だ。

ここから東へ、**❶難波橋**をくぐり中之島バラ園へ向かう。難波橋は親柱の上にライオンの像があるので「ライオン橋」と呼ばれ、2対が「阿」と「吽」になっているところがおもしろいのでちょっと見ていこう。バラ園橋を渡り**❷天神橋**へ向かう。中之島の一番東側にある橋で、ここで大川が堂島川と土佐堀川に分岐している。階段とらせん状のスロープで橋の上に上がる。

上がったところが橋の真ん中なので、右

へ行くか左へ行くか迷うところだ。右に行けば、天満橋のそばにある八軒家浜へ行ける。ここは古くから京都・伏見と大坂を結ぶ三十石船の発着場で、江戸時代に8軒の船宿があったといわれる。また、熊野古道の起点としても知られ、現在は水上交通のターミナルとして整備されている。

しかし、大川沿いのウォーキングを楽しむなら、左の南天満公園の方へ行った方がよい。天神橋を降り、向かいに八軒家浜を見ながら川沿いの遊歩道を行く。ここからは**❸天満橋**、川崎橋、桜宮橋、源八橋へと続く快適な遊歩道だ。春には延々と続く桜

▲中之島公園のシンボル、中央公会堂

▲中之島バラ園は春と秋に約310品種、3700株が咲く

▲4月中旬に公開される造幣局の「桜の通り抜け」

▲太閤の夢のあと、大阪城の桜は壮麗で優美

▲歩行者専用の川崎橋から大阪城を望む

のトンネルと化し、出店が切れ目なく並び大混雑となる。歩行者専用の川崎橋を過ぎた左手には桜の通り抜けで有名な大阪造幣局がある。❹桜宮橋をくぐり抜けると、明治時代に造幣局の応接所として建てられた洋館の泉布観がある。その先の帝国ホテル前の広場で一服してもいい。

　川沿いの散歩道はまだまだ北へと続いているが、❺源八橋まで来たらいったん橋に

上がり、JR桜ノ宮駅方面へ渡る。ここから引き返す形で今度は対岸を歩いて、再び桜宮橋をくぐり川崎橋へ向かう。途中、旧藤田邸庭園で休憩してもいい。❻川崎橋まで来るとこれから向かう大阪城が間近に見えている。京阪電車の下のトンネルをくぐり抜け、歩道橋を渡って城へ向かう。❼大阪城へは京橋口から入ることになるが、広大な上にみどころも多いので時間と体力と相談しながら歩こう。青屋門から出ると約10分でJR大阪城公園駅に到着する。

Data

●中之島図書館 ☎06-6203-0474、9〜19時(土・日曜、祝日は〜17時)、月曜および7・8月を除く第2木曜休
●中央公会堂 ☎06-6208-2002、9時30分〜21時30分(岩本記念室)、第4火曜休(祝日の場合は直後の平日)
●大阪城 天守閣:☎06-6941-3044、9〜17時、無休、600円。西の丸庭園:☎06-6941-1717、9〜17時(11〜2月は〜16時30分)、月曜休、200円

立ち寄り SPOT

📷 造幣博物館
そうへいはくぶつかん

造幣局に併設されている博物館で、歴史的資料や大判・小判など過去の貨幣を展示。日本でも数枚しか残っていないという豊臣秀吉の天正菱大判や造幣局にしかない竹流金は必見。千両箱や貨幣袋の重さを体験するコーナーもある。予約すれば工場見学もできる。

☎06-6351-8509、9時〜16時45分、第3水曜休、無料

📷 旧藤田邸庭園
きゅうふじたていていえん

藤田財閥の総帥・藤田伝三郎邸跡の庭園が藤田邸跡公園として開放されている。築山や大胆な石組みなど変化に富んだ日本庭園は四季折々の植物で彩られ、大阪の名勝に指定。大川散歩の休憩ポイントとして絶好の穴場だ。併設の藤田美術館はリニューアルのため休館中。

☎06-6312-8121、10〜16時、無休、無料

大川沿い

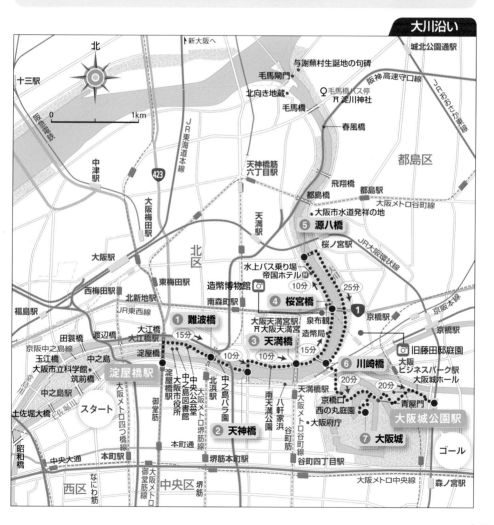

上町台地
うえまちだいち

大阪

夕陽ヶ丘の坂道を上り下りしながら
難波宮跡から四天王寺へ

▲織田作之助が愛した口縄坂。下から見ると蛇（口縄）に似ていることからこの名が付いたという

歩行時間	スタート	❶	❷	❸	❹	❺	❻	❼	ゴール
約**2**時間	谷町四丁目駅	難波宮跡公園	三光神社	高津宮	生國魂神社	愛染堂	安居神社	四天王寺	天王寺駅

歩行距離 約**8.2**km

歩 数 約**1**万**7000**歩

10分 — 25分 — 30分 — 10分 — 20分 — 10分 — 5分 — 10分

🚃 アクセス

行き：東梅田駅→大阪メトロ谷町線→谷町四丁
目駅(7分)　**帰り：**天王寺駅→大阪メトロ谷町
線→東梅田駅(14分)
＊天王寺駅はJR天王寺駅、近鉄大阪阿倍野橋
駅、阪堺天王寺駅前駅が隣接している

問い合わせ先

大阪観光局
☎06-6131-4550

🏛 駅周辺情報

谷町四丁目駅周辺をはじめ、コース全般で
随所にコンビニや飲食店、自動販売機など
があり不自由はない。**天王寺駅**は周辺に天
王寺公園やあべのハルカスなどがある。

▲難波宮跡公園から大阪城が見える

▲玉造稲荷神社にある秀頼が奉納した鳥居

▲細川越中守忠興の邸跡である越中井

▲縁結びの木「愛染かつら」がある愛染堂

▲高津宮境内西側の相合坂

今から6000〜7000年前頃は「縄文海進期」で、現在よりずっと内陸まで海が広がっていた。海岸線は生駒山麓あたり、上町台地だけが岬状の陸地だった。やがて大和朝廷が国を治めるようになり、海への玄関口として「難波津」という港が作られたのが今の法円坂あたり。ここを起点に、歴史を秘めた数々の坂道をたどってみよう。

谷町四丁目駅（たにまちよんちょうめえき）から法円坂交差点へ。北西に大阪歴史博物館、北東に大阪城、そして南東に**❶難波宮跡公園**（なにわのみやあとこうえん）がある。遺跡の発掘現場を保存したもので、大極殿基壇が復元されている。公園南側を東へ進むと、キリシタン大名の高山右近（うこん）と細川ガラシャの像が立つカトリック玉造教会。「越中井」（えっちゅうい）あたりが細川忠興（ただおき）の邸跡で、関ヶ原の合戦の前に、人質となることを拒んで死を選んだガラシャ夫人終焉の地だ。東へ進み、玉造稲荷神社へ。元々は大阪城の鎮守神として祀られていたお社で、境内には豊臣秀頼の像がある。まっすぐ南下して長堀通を越えると**❷三光神社**（さんこうじんじゃ）の鳥居が見えてくる。大坂冬の陣で真田幸村が陣を築いた場所で、「真田

の抜け穴」と伝わる横穴がある。

公園北側を西へ進み、善福寺手前から南へ延びるのが「心眼寺坂」。多くの寺院が軒を並べる寺町となっている。明星高校南側を西へ。縁切りで知られる鎌八幡（円珠庵）を過ぎて上町筋を越え、谷町7丁目交差点を左へ。南東角に近松門左衛門の墓がある。8丁目交差点を西へ入ると、まもなく左手の高津公園の南側に**❸高津宮**（こうづぐう）がある。小高い境内へは西坂（縁切り坂）や相合坂（あいおいざか）（縁結びの坂）などの階段を上る。

千日前通をいったん西へ進んで歩道橋を渡り、交差点南東に立つ鳥居から坂を上る

▲三光神社にある幸村の像と「真田の抜け穴」

▲清水寺の舞台から通天閣が見える

▲四天王寺の西側にある極楽門

▲清水坂の南側に清水寺があり、境内に玉出の滝がある

と❹**生國魂神社**。広い境内には数々の神様が祀られている。南下して最初の四つ角を右折すると源聖寺坂。ここから趣のある石畳の5つの坂を上り下りすることになる。寺が並ぶ松屋町筋を南下し、口縄坂を上る。谷町筋を南下し、大阪星光学院の手前で右折すると、縁結びで知られる❺**愛染堂**と大江神社があり、愛染坂を下る。突き当たりを左折し、清水坂を上って清水寺へ。境内奥の舞台からの眺めがよい。次は天神坂を下って❻**安居神社**へ。真田幸村終焉の地で、幸村像がある境内を南に抜けると逢坂（国道25号）だ。南には仁王門が斬新な一心寺

▲安居神社に通じる天神坂。「安吾の清水」がある

があり、東へ進むと聖徳太子が建立した❼**四天王寺**がある。南北一直線に並ぶ中門、五重塔、金堂、講堂を回廊が囲み、四天王寺式伽藍配置といわれる。

　帰りは四天王寺前夕陽ヶ丘駅も近いが、観光スポットが多い**天王寺駅**まで歩こう。

▲真田幸村終焉の地である安居神社

┏━ Data ━┓
●三光神社　☎06-6761-0372、境内自由
●高津宮　☎06‐6762-1122、6〜17時、境内自由
●生國魂神社　☎06-6771-0002、9〜16時、境内自由
●愛染堂 勝鬘院　☎06-6779-5800、9時〜16時30分、境内自由
●安居神社　☎06-6771-4932、7〜16時、境内自由
●一心寺　☎06-6771-0444、5〜18時、境内自由
●四天王寺　☎06-6771-0066、境内自由。中心伽藍および庭園は8時30分〜16時30分（10〜3月は〜16時）、各300円、宝物館は500円

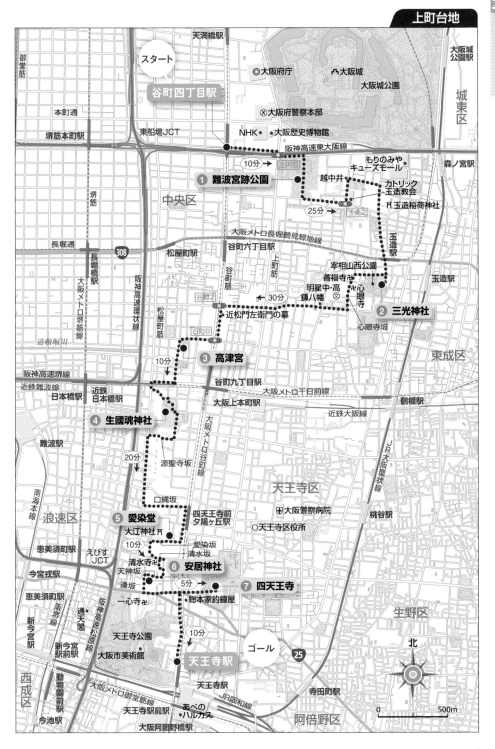

河内長野駅
かわちながの
KAWACHINAGANO
◀　　　▶

河内長野 （大阪）
かわちながの

金剛山麓にたたずむ観心寺と延命寺
個々に魅力ある長野公園4地区へも

▲観心寺の金堂へと向かう石段を上る

歩行時間	約2時間30分
歩行距離	約8.8km
歩　数	約1万9000歩

スタート　河内長野駅
① 妙長寺　15分
② 河合寺　10分
③ 東中学校　15分
④ くずのロバス停前交差点　15分
⑤ 観心寺　15分
⑥ 延命寺　35分
ゴール　三日市町駅　45分

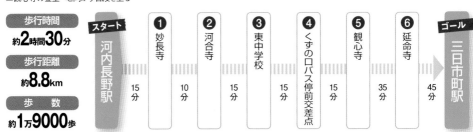

アクセス
行き：なんば駅→南海高野線急行→河内長野駅
（28分）
帰り：三日市町駅→南海高野線急行→なんば駅
（32分）

問い合わせ先
河内長野市観光協会
☎0721-53-1111

駅周辺情報
河内長野駅から徒歩で観心寺方面に向かうには東側（近鉄側）から出た方が便利だが、西側（南海側）にコンビニや観光案内所、ショッピングセンターがある。三日市町駅も西側に大型商業施設がある。

▲1400年近い歴史をもつ古刹・河合寺

▲国宝・如意輪観音像を安置する観心寺の金堂

▲観心寺から延命寺への道は静かで快適

▲楠木正成像が観心寺の参詣者を迎える

▲後醍醐天皇の皇子、後村上天皇の陵墓

奥河内随一の名刹である観心寺から、紅葉の名所として知られる延命寺を巡るコースは、古寺巡礼の趣を充分に味わえる。また、コース上には長野公園の4地区が点在しているので、花の季節にゆっくり散策したり、弁当を広げたりするとよい。

河内長野駅を出て線路沿いに進み、3本

▲紅梅・白梅に彩られた観心寺の梅園

に分かれる道の真ん中を通って落合橋を渡る。右の細い坂を上り、奥河内さくら公園（長野地区）の西側の外周に沿って進む。❶**妙長寺**を経て国道に入り、ほどなく左手に❷**河合寺**の山門がある。蘇我入鹿の創建と伝わる由緒ある古刹だが、一般には公開されていない。隣に奥河内あじさい公園（河合寺地区）への入口があり、6月中旬から5000本ものアジサイが見頃になる。

国道はほとんど歩道がなく、住宅地を通る方が安全なので、河合寺交差点を右折して坂道を上る。❸**東中学校**の前で左折し、突き当たりを右、左と折れ、❹**くずの口バス停前交差点**で国道に戻る。

展望台のある奥河内楠公の里（観心寺・丸山地区）への登り口を通り過ぎてしばらく歩くと❺**観心寺**にたどり着く。楠木正成の学問所や、後村上天皇の行在所でもあっ

Data

●観心寺 ☎0721-62-2134、9〜17時、300円。毎年4月17・18日は本尊御開帳日で10〜16時、特別拝観料700円
●延命寺 ☎0721-62-2261、境内自由

▲延命寺の樹齢800〜1000年の「夕照もみじ」

▲紅葉に包まれた延命寺の山門への道

▲紅葉の時期には参詣者が多くなる延命寺

た南朝ゆかりの寺で、山門の手前に正成の騎馬像が立っている。石段を上ると室町時代初期に建立された国宝の金堂があり、平安時代の密教美術の最高傑作といわれる本尊の如意輪観音像も国宝である。関西花の寺二十五カ所の一つでもあり、梅や桜、紅葉が美しい。金堂から右に進めば、後村上天皇陵や楠木正成首塚がある。

幕末に「尊王攘夷」を掲げて公卿・中山忠光を主将に吉村寅太郎らが組織した天誅組は、堺から三日市宿をへて、文久３年（1863）８月17日、この観心寺に到着。後村上天皇陵や楠木正成首塚に参って決意を新たにした一行は、ここで昼食をとり、その日の夕刻には五條の代官所を襲撃した。

国道の右手にある赤い南大門橋を渡り、

▲天野酒付近には高野街道の面影が残る

100mほど先の分岐で道標に従い右に進む。森林の中を通る静かな道で、アップダウンが続く。やや広い道に突き当たって左折し、すぐ先で右側に進むと、❻延命寺に着く。紅葉の名所として知られ、弘法大師のお手植えという「夕照もみじ」とよばれるカエデの巨樹がある。境内の南側は奥河内もみじ公園（延命寺地区）として紅葉を楽しめる遊歩道が整備されている。

延命寺からはほぼ石見川に沿った道をゆるやかに下っていく。竹林の合間に桜や梅が咲き、のどかな風景が続く。やがて住宅地に入り、三日市町駅に到着する。

三日市はかつて高野街道の宿場町として栄え、今も駅から北に延びる旧街道には古い建物が残り、往時の雰囲気を伝えている。加賀田川手前の天誅組が泊まった旅籠・油屋跡に石碑が立っている。

立ち寄り S P O T

天野酒（西條合資会社）
あまのさけ（さいじょうごうしがいしゃ）

300年近くの歴史を有する西條蔵が、天野山金剛寺の銘酒「天野酒」を復活させ、今に伝えている。高級な大吟醸も絶品だが、豊臣秀吉愛飲の酒を復刻した琥珀色で濃厚甘口の「僧房酒」も人気。また、バウムクーヘンやゼリー、くず餅なども販売。河内長野駅から徒歩5分。

☎0721-55-1101、10〜17時、不定休

長野公園
ながのこうえん

河内長野市内の5地区からなる府営公園。コース内に奥河内さくら公園（長野地区）、奥河内あじさい公園（河合寺地区）、奥河内楠公の里（観心寺・丸山地区）、奥河内もみじ公園（延命寺地区）があり、もみじ公園以外の3カ所には金剛山系を一望する展望台がある。

☎0721-62-2772（管理事務所）、園内自由

河内長野

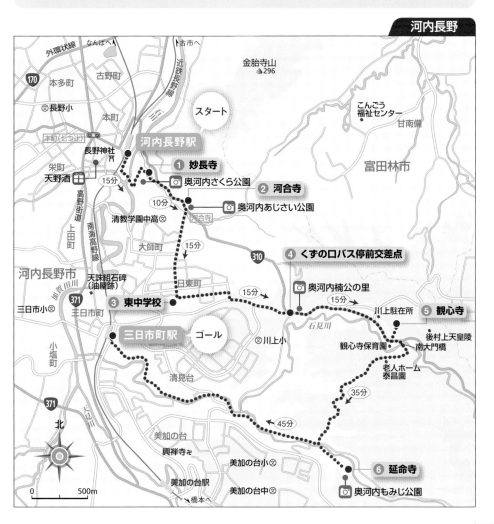

堺
さかい

大阪

「黄金の町」とよばれた中世の自治都市
利休・晶子ゆかりの地から百舌鳥古墳群へ

▲ユネスコの世界遺産に登録された「百舌鳥・古市古墳群」の中心的存在は仁徳天皇陵古墳。世界3大墳墓の一つとされる

歩行時間 約2時間20分	スタート 堺東駅	❶ 堺市役所	❷ さかい利晶の杜	❸ 南宗寺	❹ 仁徳天皇陵古墳	❺ 履中天皇陵古墳	❻ いたすけ古墳	❼ 御廟山古墳	ゴール JR百舌鳥駅
歩行距離 約9.3km		5分	25分	15分	40分	20分	20分	10分	5分
歩数 約1万8600歩									

アクセス

行き：なんば駅→南海高野線区間急行→堺東駅（22分）
帰り：百舌鳥駅→JR阪和線→天王寺（14分）

問い合わせ先

堺観光コンベンション協会
☎072-233-5258

駅周辺情報

堺東駅周辺には飲食店やコンビニも多く不便さはない。百舌鳥駅周辺にはコンビニはあるが飲食店は少ない。なお、仁徳天皇陵古墳をコースの最後にすれば、JR・南海三国ヶ丘駅をゴールにすることも可能。

▲出発する前に地上80mの堺市役所の展望ロビーから全容を眺めておくとわかりやすい（前面の緑が仁徳天皇陵古墳）

堺東駅から徒歩5分で❶堺市役所に着く。ここの21階の展望ロビーでは360度のパノラマビューが楽しめる。これから訪れる仁徳天皇陵古墳もよく見え、その大きさを実感できる。

西へ向かい市之町東交差点で左、次の辻を右に取り、「大寺さん」の通称で親しまれている開口神社へ。紀州街道を渡って左折すると、歩道に与謝野晶子生家跡の碑が立っている。宿院交差点で右折すると、堺の歴史や文化を紹介する文化観光施設❷さかい利晶の杜がある。千利休茶の湯館や与謝野晶子記念館、観光案内展示室などみどころが多く、道路向かいには椿の井戸が残る千利休屋敷跡（10〜17時）がある。

▲歌人・与謝野晶子の生家跡に碑が立っている

国道を宿院町東交差点で右折し、利休が修行した❸南宗寺へ向かう。三好長慶が建立した禅寺で、国指定名勝の枯山水の庭や、利休好みの茶室・実相庵、天井に八方睨龍が描かれた仏殿などがある。徳川家康が大坂夏の陣で討死し、この寺に祀られたという伝説の寺でもある。

南宗寺の隣の大安寺も室町初期に創建された臨済宗の名刹。豪商で知られる納屋助左衛門等の居宅を移したとされる書院造りの部屋がある総檜造りの本堂で知られる。

いよいよ古墳めぐりへと向かう。仁徳天皇陵古墳をはじめ、4世紀末から6世紀前半に築造された巨大な陵が点在する百舌鳥古墳群は、小さな古墳を含めると44基が現存。2018年にユネスコの世界文化遺産に登録された。

Data

●堺市役所21階展望ロビー　☎072-233-5258（堺観光コンベンション協会）、9〜21時、無休
●さかい利晶の杜　☎072-260-4386、千利休茶の湯館・与謝野晶子記念館は9〜18時、第3火曜日（祝日の場合は翌日）、300円。観光案内展示室は無休
●南宗寺　☎072-232-1654、9〜16時、400円
●大安寺　内部非公開（堺文化財特別公開時にのみ公開）

▲茶の湯の歴史は南宗寺抜きでは語れない

▲利休と晶子を紹介する「さかい利晶の杜」

緑が広がる大仙公園を通り抜けて**❹仁徳天皇陵古墳**へ。日本最大の前方後円墳である仁徳天皇陵古墳は墳丘（土盛の部分）の長さは486mにも及ぶ。前方後円墳は円形と方形を組み合わせた鍵穴の形をしており日本独特だといわれ、被葬者は身分や階級が高いと考えられている。3重の濠が巡

▲仁徳天皇陵参拝道を行く

▲千利休屋敷跡には椿の井戸が残っている

らされているので墳丘からの距離を感じるが、整然とした拝所があり観光客が訪れる。拝所の横には250分の1の復元模型が置かれ、陪塚（主墳に付属する小さな古墳）に

▲仁徳天皇陵古墳に隣接する大仙公園は堺市のシンボルパーク

囲まれていることがよく理解できる。

　再び大仙公園を通り抜け、日本で3番目に大きい前方後円墳の**❺履中天皇陵古墳**へ。水をたたえた濠が広いのが特徴で、幅が約60mもある。ここには高台から後円部を望めるビュースポットがあり、古墳の木々や鳥の姿までがよく見える。

　次に向かうのは、JRの線路を渡ったところにある**❻いたすけ古墳**。こちらも前方後円墳で、濠に沿うように歩道が整備され、散歩を楽しむ人も多い。すぐ近くの前方後円墳**❼御廟山古墳**を通り、住宅街を行くと**百舌鳥駅**に着く。

立ち寄り **S P O T**

📷 自転車博物館
じてんしゃはくぶつかん

大仙公園内にある。鉄砲鍛冶の技から生まれた堺の自転車産業を象徴する日本唯一の博物館。世界最古の木製自転車から最新のオリンピック出場車まで50台を展示。さわって遊びながら構造・仕組みを学べる。
☎072-243-3196、10時〜16時30分（入館は〜16時）、月曜（祝休日の場合は開館）・祝休日の翌日休、200円

📷 堺市博物館
さかいしはくぶつかん

堺市の歴史や美術、考古、民俗に関する資料を展示している。1階ロビーにある「百舌鳥古墳群シアター」は無料で、百舌鳥古墳群を紹介するCGを使った大型スクリーンによる迫力ある映像を見ることができる。
☎072-245-6201、9時30分〜17時15分、月曜休（祝日の場合は開館）、200円（特別展は別料金）

▲いたすけ古墳の墳丘に掛けられた橋の痕跡は保存運動のシンボル

▲履中天皇陵古墳は全長約365m、日本で3番目に大きい前方後円墳

堺

淀川
よどがわ

大阪

大川が分岐する毛馬閘門から城北公園へ
車や信号に邪魔されない快適ウォーク

▲菅原城北大橋が架かる淀川にはワンドが広がり橋上からも見渡せる

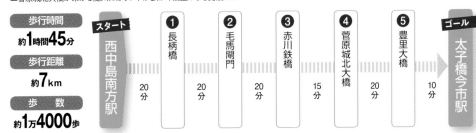

歩行時間	スタート	❶ 長柄橋	❷ 毛馬閘門	❸ 赤川鉄橋	❹ 菅原城北大橋	❺ 豊里大橋	ゴール
約1時間45分	西中島南方駅						太子橋今市駅
歩行距離		20分	20分	20分	15分	20分	10分
約7km							
歩数							
約1万4000歩							

アクセス

行き：大阪梅田駅→大阪メトロ御堂筋線→西中島南方駅(3分)
帰り：太子橋今市駅→大阪メトロ谷町線→東梅田駅(14分)

問い合わせ先

国土交通省淀川河川事務所
☎072-843-2861
大阪淀川区役所
☎06-6308-9986

駅周辺情報

西中島南方駅を降りてすぐのところにコンビニがある。淀川土手に上がったら自販機すらないので、食べ物・飲み物は必ず調達しておきたい。

▲長柄橋を渡って対岸の毛馬へ

▲毛馬閘門周辺は公園になっている

▲毛馬閘門の横には与謝蕪村の句碑が

▲好きな時に土手で休憩できるのがいい

▲美しい菅原城北大橋とワンドを見ながら

▲左にワンドを見ながら豊里大橋へ

　琵琶湖に端を発し、途中で瀬田川・宇治川と名前を変えながら、木津川・桂川なども集め、最後は大河となって大阪湾に注ぐ淀川。淀川土手のウォーキングの魅力は何と言っても、遮るもののない景色を見ながら快適に歩くことにある。立ち寄りポイントが限られているので右岸を行くか左岸を行くか考え、また、橋は1本渡るのに15分程度かかるので、どの橋を渡るかも思案のしどころだ。

　対岸に梅田の高層ビル群を望む**西中島南方駅**からスタートする。土手に上がり上流に向かって歩き始めるが、このあたりは右岸・左岸ともに堤防は整備されているものの、橋や鉄橋、ガスや電線といったライフラインが川を横切っているため、その下をくぐり抜けながら進むことになる。また、一直線に歩けるというわけではない。

　毛馬方面に行くには左岸に渡らなくてはならないが、新淀川大橋は車が多く歩道も狭いので避けたい。まずは**❶長柄橋**を渡り毛馬方面に向かう。橋の手前で土手に上がると信号があるのでくぐり抜けてから上がったほうがよい。旧淀川の大川が分岐する

❷毛馬閘門は、大阪を水害から守る大堰。毛馬は江戸時代の俳人、与謝蕪村の生誕地で、堤防には「春風や堤長うして家遠し」の句碑が立っている。

　毛馬を出発すると周りの景色は一変し足取りも軽くなる。やがて**❸赤川鉄橋**に行き着く。いまはJRおおさか東線が走るが、かつては線路のすぐ横に人が通れるだけの木橋が架かっていて人が渡れる鉄道橋だった。

　前方で美しいフォルムを描いているのは**❹菅原城北大橋**。デザインも素敵だし、歩道も広く歩きやすい。そして橋の上から「ワンド」の全体を見渡せるのが貴重だ。ワンドとは、本流と繋がっているが中で池のようになっている地形のこと。ヨシなどの植物が茂り、魚が卵を産み付ける貴重なスポットだ。淀川には大小約30のワンドが残るが、中でもここは規模が大きい。緑のオアシスの向こうに大都会のビル群が霞む。

　右手にハナショウブで知られる城北公園が続く。菅原城北大橋を渡り向こう岸を歩いてもよいが、約2km余計にかかるのでこのまま**❺豊里大橋**まで進む。右折して少し行くと**太子橋今市駅**に着く。

立ち寄り SPOT

📷 水道記念館
すいどうきねんかん

水道の歴史や仕組み、琵琶湖・淀川水系の淡水魚の展示などを楽しみながら学べる科学館。柴島浄水場の旧ポンプ場だった大正時代の赤レンガ造りの建物が趣深い。
☎06-6320-2874、10〜16時、開館は土・日曜・祝日（12〜2月除く）および春休み・夏休み期間中の平日、無料

📷 城北公園
しろきたこうえん

明治の淀川大改修の際に川跡を利用して造られた公園で、堤防から直接入園することができる。園内にある菖蒲園は昭和39年に開園した関西でも草分け的存在で、250種、1万3000株のハナショウブが咲きそろう（通常は5月下旬〜6月中旬、9時30分〜17時、無休、200円）。
☎06-6928-0005（公園管理事務所）

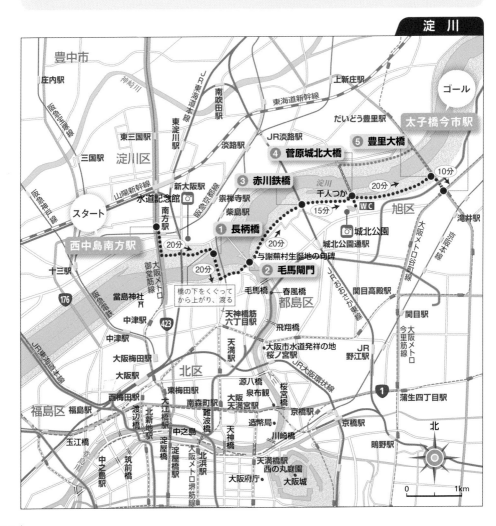

淀 川

京阪沿線
- 京阪本線
- 宇治線
- 京津線
- 石山坂本線

叡山電鉄
- 叡山本線
- 鞍馬線

京都市営地下鉄

男山周辺
おとこやましゅうへん

京都

男山に鎮座する国宝・石清水八幡宮へ
淀川三川合流の地で背割堤の桜並木を歩く

▲1.4kmにも及ぶ桜並木が続く背割堤

歩行時間	スタート	❶	❷	❸	❹	❺	❻	❼	ゴール
約2時間35分	石清水八幡宮駅	神應寺	石清水八幡宮	善法律寺	安居橋	飛行神社	さくらであい館	背割堤	石清水八幡宮駅
歩行距離 約10.3km		5分	45分	25分	10分	5分	15分	20分	30分	
歩数 約2万600歩									

アクセス

行き：淀屋橋駅→京阪本線特急→樟葉駅→京阪本線普通→石清水八幡宮駅(35分)
帰り：往路を戻る

問い合わせ先

八幡市商工観光課
☎075-983-1111
八幡市観光協会
☎075-981-1141

駅周辺情報

石清水八幡宮駅前はバスターミナルになっており、観光案内所や喫茶店、コンビニなどがある。改札を出て右に進むと石清水八幡宮参道ケーブルの駅があり、山上までケーブルで上ることもできる。

▲船乗りが航海の安全を祈願した航海記念塔

▲国宝・石清水八幡宮の本殿

▲石清水八幡宮の表参道は約400段の石段が続く。下りは男山散策路や裏参道を歩くのもよい

　美しい山容の男山は、平安京の裏鬼門にあたり、山上に石清水八幡宮が鎮座する。眼下には、木津川・宇治川・桂川が出合い淀川に姿を変える、国内でも珍しい三川合流の地である。

　石清水八幡宮駅前の観光案内所でガイドマップを入手。バスロータリーを過ぎて右折し、石清水八幡宮一ノ鳥居の手前の小路を道なりに行く。❶神應寺の山門横に、国内最大級の高さ6mの五輪石塔、航海記念塔が立っている。鎌倉時代の建立と伝わり、重要文化財に指定されている。

　神應寺の山門をくぐり長い石段を上り、閑静な境内へ。貞観元年（860）石清水八幡宮を開いた行教が創建。豊臣秀吉の桃山城から移した書院には、狩野山雪筆の「竹に虎」が描かれている。境内からさらに山道を上り八幡宮へ行くルートもあるが、ここでは神應寺奥の院への道をたどり、頭上に男山ケーブルの高架を見ながら、厄除け不動で霊験あらたかな杉山谷不動尊へ。岩肌に染み入る清水の流れに沿って道なりに下る。

　一ノ鳥居まで戻り❷石清水八幡宮の境内へ。頓宮殿、高良神社を過ぎて二ノ鳥居をくぐる。表参道は七曲りの石段が続く。三ノ鳥居から石灯籠が並ぶ石畳の参道を進む。南総門から壮大な八幡造の社殿が威風堂々たるたたずまいを見せる。日本三大八幡宮の一つで、伊勢神宮に次いで国家第二の宗廟と称された。歴史の折々に名だたる武将が参詣し、織田信長が社殿を修復、豊臣秀吉が回廊、その子秀頼が社殿再建、そして現在の社殿は徳川家光の造営による。現存する八幡造本殿の中では最古かつ最大規模。ここのおみくじには「吉」などのほかにも、平穏無事を意味する「平」、未だ運命が定まっていない「未分」があるのが珍しい。

Data

●男山ケーブル ☎06-6945-4560（京阪電車お客さまセンター）、所要3分、片道300円
●石清水八幡宮 ☎075-981-3001、境内自由
●善法律寺 ☎075-981-0157、8〜17時、境内自由。本堂内の拝観は要予約、志納金500円〜
●神應寺 ☎075-981-2109、本堂内の拝観は要予約
●飛行神社 ☎075-982-2329、9時〜16時30分。二宮忠八資料館は9〜16時、入館料300円

▲紅葉の名所としても知られる善法律寺

▲毎年9月15日の石清水祭で放生行事が行われる安居橋

男山散策路は幾通りもあり、三ノ鳥居から男山散策路せせらぎルートを歩くのもおすすめだ。山道を下り、京都と高野山を結ぶ東高野街道に出て左折すると、ほどなく❸**善法律寺**。足利義満の母・良子がモミジを寄進したことから「もみじ寺」ともよばれ、境内には約100本ものモミジが秋を彩る。そのまま街道沿いを進み、泰勝寺の角を左折し寄り道すれば、源氏の名刀「髭切」が鍛えられた相槌神社に出る。

▲飛行神社の神飛行機おみくじ

男山の麓を流れる放生川に架かる❹**安居橋**を渡り、橋のたもとに大歌堂・中村邸を見る。時代劇を思わせるたいこ橋に蔵景色は八幡八景の一つに数えられる。そこから二つ目の角を左折し、航空界のパイオニア・二宮忠八が創建した❺**飛行神社**へ。航空関係の資料館が併設されている。

駅前まで戻り、さらにひと足延ばして木津川に架かる御幸橋を渡る。右手前方に❻**さくらであい館**の展望塔が見える。桂川・宇治川・木津川が合流して淀川となる三川合流域を、地上25mの展望塔から一望できる。

❼**背割堤**は宇治川と木津川の間に築かれた堤防で、川をゆるやかに合流させる役目をもつ。河川敷の先端まで1.4kmに及ぶ桜並木を歩いて折り返し、再び御幸橋を渡り、正面に男山を眺めつつ、**石清水八幡宮駅**へ戻る。

立ち寄り SPOT

🍡 やわた走井餅老舗
やわたはしりいもちろうほ

約250年前に大津で創業、明治43年（1910）から石清水八幡宮の門前で名物の走井餅を作り続けている。刀を模した形で、こし餡を滋賀羽二重もち米の杵つき餅で包んでいる。5個入700円。店内でも味わえる。
☎075-981-0154、8〜18時、月曜休（祝日の場合は翌日）

📷 さくらであい館
さくらであいかん

三川合流域にある観光と地域振興の施設。展望塔の約25mの高さからは360度のパノラマビュー。目の前の背割堤は桜の名所で、約250本のソメイヨシノによる約1.4kmの桜並木は、春先には大勢の人で賑わう。
☎075-633-5120、9時〜16時30分（展望塔は〜16時20分）、無休、無料

▲さくらであい館展望塔より三川合流を眺める

▲背割堤では桜をはじめ、四季折々の自然が楽しめる

男山周辺

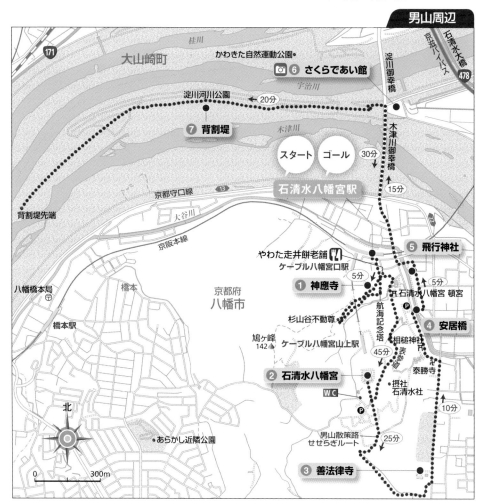

伏見稲荷

ふしみいなり

京都

千本鳥居から上って稲荷山を一周
駈馬神事の藤森神社へご利益巡拝

▲約1万基もの鳥居が連なる伏見稲荷大社の参道は階段が続く

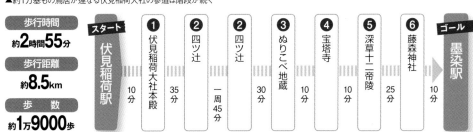

歩行時間	約2時間55分	
歩行距離	約8.5km	
歩　数	約1万9000歩	

スタート 伏見稲荷駅

10分 → ❶伏見稲荷大社本殿 → 35分 → ❷四ツ辻 → 一周45分 → ❷四ツ辻 → 30分 → ❸ぬりこべ地蔵 → 10分 → ❹宝塔寺 → 10分 → ❺深草十二帝陵 → 25分 → ❻藤森神社 → 10分 → ゴール 墨染駅

アクセス

行き：淀屋橋駅→京阪本線特急→丹波橋駅→京阪本線普通→伏見稲荷駅（50分）
帰り：墨染駅→京阪本線普通→丹波橋駅→京阪本線特急→淀屋橋駅（46分）　＊JR利用の場合は、行きは稲荷駅、帰りはJR藤森駅

問い合わせ先

京都市観光協会
☎075-213-1717
伏見観光協会
☎075-622-8758

駅周辺情報

伏見稲荷駅から東へと続く参道沿いには古くからのみやげ物店や食事処が並ぶ。墨染駅周辺にはスーパーや食事処が点在する。

▲稲荷山の最高峰・一ノ峰の末広大神

▲歯痛平癒を願うハガキが届くぬりこべ地蔵

▲お山めぐりの途中の四ツ辻は眺めがよい

　伏見稲荷大社は全国に約3万社あるといわれるお稲荷さんの総本宮。初詣の人出は関西随一で、一年を通して国内外から大勢の参拝者で賑わっている。本殿の参拝だけでなく、標高233mの稲荷山に点在する神蹟を巡拝する「お山めぐり」もするので、歩きやすい靴を履いていこう。

　伏見稲荷駅からみやげ物店や食事処が並ぶ賑やかな参道を歩く。広い境内に入り、豊臣秀吉の寄進による壮麗な楼門をくぐって、**❶伏見稲荷大社本殿**へ。明応8年（1499）の再興で重要文化財である。本殿の左手奥の石段を上り、右へ進むと朱色鮮やかな鳥居が2本のトンネルのように連なる千本鳥居

が現れる。2つの入口はどちらも奥社奉拝所に続いており、右側通行で進む。

　奥社には持ち上げて軽く感じたら願いが叶うという「おもかる石」があるので挑戦してみよう。奥社からは階段が延々と続く。新池畔の熊鷹社を経て三ツ辻までくると、もうひと頑張りで**❷四ツ辻**に到着。眺めがよく、茶屋もあるのでひと息入れよう。

　四ツ辻から時計回りで一周する。道中の神蹟には無料のセルフおみくじが数カ所あり、運試ししながら歩くのも楽しい。最高峰の一ノ峰まで上ると、二ノ峰、間ノ峰、三ノ峰へと下り、**❷四ツ辻**に戻る。さらに下って三ツ辻で行きの道と別れ、小さな神社が点在する参道を歩く。縁結びで知られる口入稲荷大神は荒木神社の中にある。

　本殿まで戻り、合格祈願で知られる東丸

▲宝塔寺は本堂と多宝塔、四脚門が重要文化財

Data

●**伏見稲荷大社**　☎075-641-7331、境内自由
●**瑞光寺**　☎075-641-1704、境内自由
●**藤森神社**　☎075-641-1045、境内自由。宝物殿は入館無料、紫陽花苑は入苑料300円
●**墨染寺**　☎075-642-2675、境内自由

▲瑞光寺の風情漂う総茅葺屋根の本堂

▲藤森神社の割拝殿は本殿とともに御所から移築されたもの

神社の左側の細道から出る。突き当たりを左折して住宅地を抜けると、墓地の一角に歯痛平癒にご利益があるという**❸ぬりこべ地蔵**のお堂がある。伊藤若冲の五百羅漢で知られる石峰寺を過ぎて、**❹宝塔寺**の総門（四脚門）へ。両側に塔頭が並ぶ参道を上って仁王門をくぐると、広々とした境内に慶長13年（1608）創建の本堂と室町時代の多宝塔が立っている。

▲深草十二帝陵は天皇を合葬する陵墓

瑞光寺は元政上人開山の寺で、本堂と山門が茅葺屋根で趣きがあり、春は枝垂桜が美しい。真宗院を過ぎて右折すると踏切手前に12名の天皇の御陵である**❺深草十二帝陵**（深草北陵）がある。西へ進み突き当たりを南下するが、琵琶湖疏水沿いの遊歩道を歩くのもいいだろう。

西門の石鳥居から**❻藤森神社**へ。約1800年前、神功皇后により創建されたと伝わる古社で、勝運と馬の守り神として知られ、受験生や競馬ファンが参拝に訪れる。毎年5月5日の藤森祭は菖蒲の節句発祥の祭といわれ、長い参道で駈馬神事が奉納される。宝物殿では重要文化財の紫絲威大鎧や刀、銃などを展示している。南門から出て**墨染駅**に向かうが、桜の時期なら「桜寺」の扁額がかかる墨染寺にも寄るといい。

立ち寄り SPOT

🏯 宝玉堂
ほうぎょくどう

京阪の伏見稲荷駅からすぐの参道沿いに店を構え、稲荷煎餅発祥の看板がかかる。昔ながらの手焼きの稲荷煎餅が人気で、大・小あるキツネの顔や、おみくじ入りの鈴の形がユニークでおみやげにぴったり。白味噌とゴマが使われており、煎餅を焼く香ばしい香りが漂う。
☎075-641-1141、7時30分〜19時、無休

🍴 にしむら亭
にしむらてい

稲荷山一周の起点となる四ツ辻にある眺めのよい茶屋。床几に腰かけて飲物で一服するもよし、畳の部屋でくつろいで食事するもよし。お稲荷さん名物のきつねうどんやいなり寿司のほか、冷やしあめやわらび餅も懐かしい味わい。
☎050-5486-5231、10〜15時（土・日曜、祝日は9〜16時）、不定休

伏見稲荷

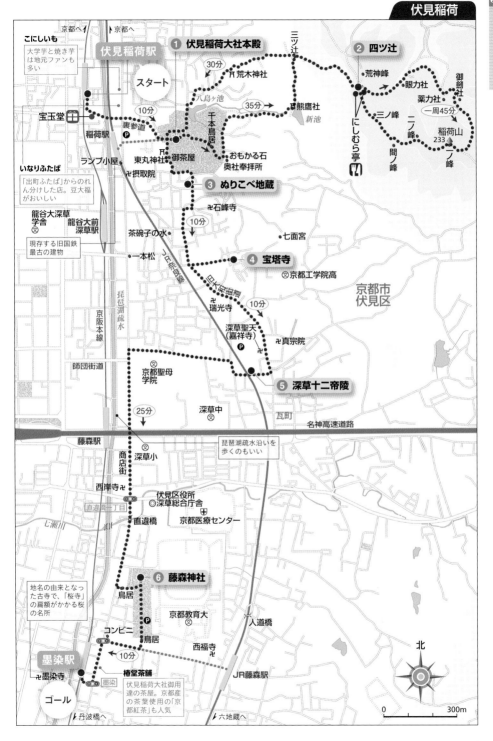

こにしいも
大学芋と焼き芋は地元ファンも多い

京都へ ↑京都へ

伏見稲荷駅

スタート

① 伏見稲荷大社本殿

30分

荒木神社

新池

三ツ辻

② 四ツ辻

荒神峰

眼力社

御劔社

薬力社

一周45分

三ノ峰

二ノ峰

稲荷山
233

一ノ峰

にしむら亭

熊鷹社

35分

八島ヶ池

千本鳥居

おもかる石
奥社奉拝所

10分

宝玉堂

稲荷駅

裏参道

P

御茶屋

東丸神社

ランプ小屋

いなりふたば
「出町ふたば」からののれん分けした店。豆大福がおいしい

摂取院

ぬりこべ地蔵

③ ぬりこべ地蔵

龍谷大深草
学舎

龍谷大前
深草駅

現存する旧国鉄最古の建物

茶碗子の水

石峰寺

七面宮

10分

一本松

④ 宝塔寺

京都工学院高

**京都市
伏見区**

瑞光寺

10分

深草聖天
（嘉祥寺）

P

真宗院

師団街道

京都聖母
学院

⑤ 深草十二帝陵

京阪本線

琵琶湖疏水

深草中

瓦町

名神高速道路

25分

藤森駅

深草小

琵琶湖疏水沿いを歩くのもいい

商店街

西岸寺

直違一丁目

伏見区役所
深草総合庁舎

京都医療センター

直違橋

七瀬川

地名の由来となった古寺で、「桜寺」の扁額がかかる桜の名所

⑥ 藤森神社

鳥居

京都教育大

人道橋

コンビニ

鳥居

西福寺

墨染駅

10分

墨染寺

椿堂茶舗

JR藤森駅

墨染

ゴール

伏見稲荷大社御用達の茶屋。京都産の茶葉使用の「京都紅茶」も人気

丹波橋へ

六地蔵へ

北

0 　　300m

丹波橋駅
たんばばし
TANBABASHI
◀ ▶

伏見 （ふしみ） 京都

幕末に志士たちが闊歩した
名水が湧き柳が揺れる酒蔵の町

▲八角形レンガ煙突や仕込蔵が美しい松本酒造は近代化産業遺産に認定されている

歩行時間 約1時間30分	スタート 丹波橋駅	❶大黒寺	❷松本酒造	❸西岸寺	❹月桂冠大倉記念館	❺寺田屋	❻伏見出合橋	❼三栖閘門	ゴール 中書島駅
歩行距離 約5.6km		10分	15分	15分	10分	10分	5分	15分	10分
歩　数 約1万1200歩									

アクセス

行き：淀屋橋駅→京阪本線特急→丹波橋駅（40分）
帰り：中書島駅→京阪本線特急→淀屋橋駅（38分）　＊丹波橋駅へは京都駅から近鉄京都線急行を利用できる（8分）

問い合わせ先

伏見観光協会
☎075-622-8758
伏見酒造組合
☎075-611-4115

駅周辺情報

丹波橋駅と中書島駅の構内にはコンビニやそば店があるが、駅周辺は住宅地で飲食店などは少ない。間の伏見桃山駅の前には東西に延びるアーケードがあり賑やかなので、コースの途中で寄るのもよい。

▲キザクラカッパカントリー

▲和歌のおみくじが人気の長建寺

▲酒蔵が並ぶ川沿いの遊歩道

▲酒造の歴史を伝える月桂冠大倉記念館

▲寺田屋浜に立つ龍馬とお龍の像

▲昭和4年完成の三栖閘門

京都・大阪間の水運の拠点として栄え、幕末維新の舞台にもなった伏見。黒板塀と白壁の酒蔵の美しい街並みを巡る。

丹波橋駅を出て住宅地を抜け、薩摩藩の祈願所であった❶大黒寺に向かう。境内には西郷隆盛が建てたという伏見寺田屋殉難九烈士之墓がある。区役所の角を右折し、濠川を越えて新高瀬川へ。土手沿いを歩いていくと、❷松本酒造が見えてくる。土手が菜の花に彩られる春は特に風情がある。車道に戻り、「電気鉄道事業発祥の地」の碑を過ぎると、❸西岸寺。油をかけて祈願する油懸地蔵で知られ、芭蕉の句碑もある。

竜馬通り商店街の庶民的な雰囲気をちょっと味わい、左折してキザクラカッパカントリーへ。地ビールレストランや酒造りの記念館などがある。突き当たりを右折すると、長い板塀が続く先に❹月桂冠大倉記念館がある。明治42年（1909）建造の酒蔵を改装し、酒造りの工程や歴史を紹介。吟醸酒などのきき酒もできる。

赤い山門が目をひく長建寺に寄ってから、階段を下りて宇治川派流沿いの遊歩道を歩く。酒蔵と柳並木の風情漂う景色を、時折十石舟が通り、春は桜、初夏はアジサイが彩る。蓬莱橋を渡り坂本龍馬襲撃事件の舞台❺寺田屋を見て、遊歩道に戻る。船着場として栄えた京橋付近に、龍馬とお龍の像が立っている。その先で濠川との合流点にかかる三叉の❻伏見出合橋を渡る。川沿いの快適なウォークを続け、❼三栖閘門へ。かつて淀川舟運を支えた閘門は宇治川を見下ろす展望スポット。旧操作室を利用した資料館もある。伏見みなと橋まで戻り、伏見港公園を通って中書島駅へ向かう。

Data

●西岸寺　☎075-601-2955、境内自由。油懸地蔵の参拝は金曜、13〜15時、200円
●キザクラカッパカントリー　☎075-611-9919、レストランは11〜14時30分（平日は11時30分〜）、17時〜21時30分、無休。記念館は10〜16時、月曜休（祝日の場合は開館）、無料
●月桂冠大倉記念館　☎075-623-2056、9時30分〜16時30分、8/13〜8/16休、600円（おみやげ付き）
●寺田屋　☎075-622-0243、10〜16時、月曜不定休、400円
●三栖閘門資料館　☎072-861-6801（平日のみ）、9時〜16時30分、月曜休（4・5・10・11月と祝日の場合は開館）、無料

立ち寄り｜S P O T

🍴 鳥せい本店

とりせいほんてん

清酒・神聖の酒蔵を改装した鳥料理の専門店でいつも混んでいる。香ばしい鳥料理に、蔵出しの生原酒がよく合う。ランチメニュー（15時まで）はとりめし定食やとりラーメンなどが人気で、一品料理も充実している。

☎075-622-5533、11時30分〜23時（土・日曜、祝日は11時〜）、月曜休（祝日の場合は営業）

🏛 富英堂

とみえいどう

明治27年（1894）創業の和菓子店。名物の酒まんじゅうを買いに、地元の人や観光客がひっきりなしに訪れる。ほんのり酒の香りがする酒まんじゅうは、上品な甘さのこし餡がたっぷり。カステラ生地にこし餡をはさんだ「えがお」もロングセラーだ。

☎075-601-1366、9〜19時、木曜休（祝日の場合は営業）

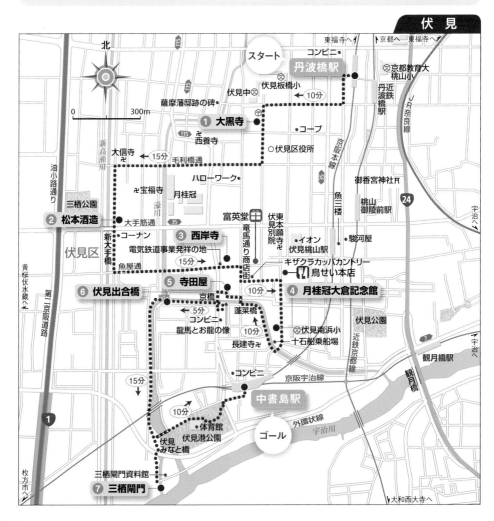

東山周辺
ひがしやましゅうへん

京都

紅葉で名高い東福寺から泉涌寺へ
東山の名刹をたどり三十三間堂まで

▲高台にある悲田院の境内は眺望が開け、京都タワーや愛宕山もよく見える

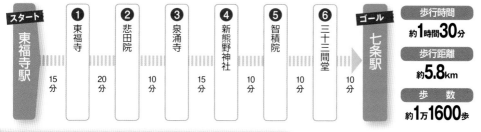

スタート 東福寺駅 — 15分 — ❶東福寺 — 20分 — ❷悲田院 — 10分 — ❸泉涌寺 — 15分 — ❹新熊野神社 — 10分 — ❺智積院 — 10分 — ❻三十三間堂 — 10分 — ゴール 七条駅

歩行時間 約1時間30分

歩行距離 約5.8km

歩数 約1万1600歩

アクセス

行き：淀屋橋駅→京阪本線特急→丹波橋駅→京阪本線準急→東福寺駅(53分) 帰り：七条駅→京阪本線特急→淀屋橋駅(50分)
＊JRのほうが便利なら、行きはJR東福寺駅、帰りは15分程度余分に歩いて京都駅を利用

問い合わせ先

京都市観光協会
☎075-213-1717

駅周辺情報

東福寺駅周辺は食事処やコンビニが並び、観光シーズンは人通りが多い。七条駅周辺も店が充実している。隣の鴨川沿いの遊歩道を少し歩いてみるのもいい。

▲東福寺の洗玉澗に架かる通天橋は新緑・紅葉が美しい

▲真言宗智山派の総本山・智積院の金堂

▲新熊野神社の後白河上皇手植えの大楠　　▲今熊野観音寺の参道は青紅葉も美しい　　▲蓮華王院本堂の三十三間堂は南北120mと長大

東福寺駅から南下すると、交番の手前に東福寺の北門がある。通天橋道を進むと臥雲橋で、モミジの合間に通天橋が見える。日下門から入ると❶東福寺の壮大な本堂（仏殿）と国宝の三門が並ぶ。方丈と開山堂を結ぶ通天橋と、国指定名勝の本坊庭園は通年拝観できる。紅葉の名所で秋には大勢の参拝者が訪れるので、新緑の時期がおすすめ。芬陀院や光明院など名庭で知られる塔頭寺院も数多く付属しているので、公開時期が合えばじっくりと拝観しよう。

通天橋道を戻って東へ向かい、突き当たりを右折して日吉ヶ丘高校のグランド脇の小径に入る。階段を上ると左手に❷悲田院があり、境内から京都の街や山並みが一望できる。車道を下って右折し、❸泉涌寺の大門へ。御寺と尊称される泉涌寺は皇室の帰依篤く、境内には歴代天皇の陵墓が鎮まる。北側にある今熊野観音寺は、西国三十三所第15番札所として知られている。

塔頭が並ぶ泉涌寺道を下る。戒光寺の本尊・丈六釈迦如来像は運慶・湛慶親子の合作で総高約10mもあり、重要文化財だ。泉

涌寺道交差点で右折して❹新熊野神社へ。熊野の新宮・別宮として後白河上皇が創建し、上皇手植えと伝わる樹齢900年のクスノキが立つ。さらに北上し、❺智積院へ。大書院の名勝庭園が5月下旬〜6月下旬はツツジに彩られる。収蔵庫には長谷川等伯らが描いた国宝障壁画が納められている。

七条通を少し下ると❻三十三間堂。正式には蓮華王院といい、長い堂舎の内陣の柱間が33あることから三十三間堂と通称されている。堂内には1000体の観音立像が並び、荘厳な空気が漂う。京都らしい店が並ぶ道を歩いて、七条駅に向かう。

Data

●東福寺　☎075-561-0087、9〜16時(11〜12月初旬は8時30分〜、12月初旬〜3月は〜15時30分)、境内自由。通天橋・開山堂600円、本坊庭園500円
●泉涌寺　☎075-561-1551、9〜17時(12〜2月は〜16時30分)、500円。庭園など特別拝観は300円
●今熊野観音寺　☎075-561-5511、8〜17時、境内自由
●戒光寺　☎075-561-5209、9〜17時、境内自由、春・秋の内陣特別参拝500円
●新熊野神社　☎075-561-4892、境内自由
●智積院　☎075-541-5361、境内自由。収蔵庫と庭園は9〜16時、500円
●三十三間堂(蓮華王院)　☎075-561-0467、8〜17時(11/16〜3月は9〜16時)、600円

立ち寄り **SPOT**

◎ 京都国立博物館
きょうとこくりつはくぶつかん

建築家・谷口吉生氏設計の平成知新館で、豊富な所蔵品を中心に平常展示や特別展を開催する。明治古都館（旧帝国京都博物館）と正門は重要文化財で、外観のみの見学。
☎075-525-2473、9時30分〜17時（変動あり）、月曜休（祝日の場合は翌日）、臨時休館あり、520円（特別展は別料金）

⊞ 七條甘春堂本店
しちじょうかんしゅんどうほんてん

京菓子の老舗で季節感あふれる和菓子が並ぶ。「抹茶器」「煎茶器」は茶器のかたちをしたお菓子で、茶をたてたあとで割って食べることができる。併設の甘味処「且坐（しゃざ）喫茶」では、京都らしい町屋の和室で和菓子と抹茶のセットなどが味わえる。
☎075-541-3771、9〜18時、無休

東山周辺

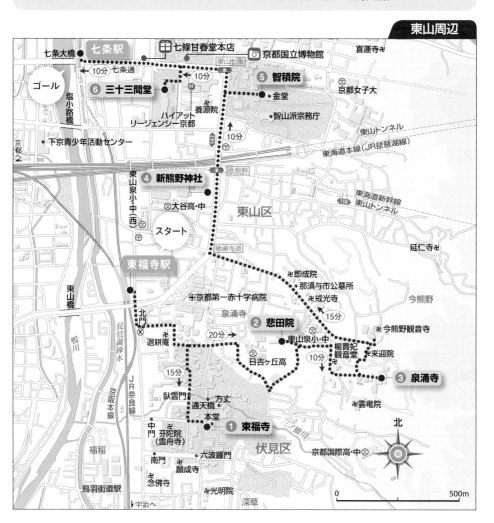

出町柳駅
でまちやなぎ
DEMACHIYANAGI
◀ ▶

賀茂川 (かもがわ) 京都

下鴨神社から川を溯り上賀茂神社へ
社家の町並みを歩き深泥池まで

▲枝垂れ桜のトンネルが続く半木の道

歩行時間										
約**1**時間**45**分										

スタート → 出町柳駅 → ❶下鴨神社 15分 → ❷北大路橋 20分 → ❸北山大橋 15分 → ❹上賀茂神社 20分 → ❺藤木社 5分 → ❻大田の沢 5分 → ❼深泥池 15分 → ゴール 地下鉄北山駅 10分

歩行距離
約**6.8**km

歩 数
約**1**万**3600**歩

アクセス

行き：淀屋橋駅→京阪本線特急・鴨東線→出町柳駅（55分）／**帰り**：北山駅→京都市営地下鉄烏丸線→四条駅→徒歩5分→烏丸駅→阪急京都本線特急→大阪梅田駅（56分）　＊帰りは、北山駅→京都市営地下鉄烏丸線→京都駅→JR東海道本線新快速→大阪駅（43分）も可

問い合わせ先

京都市観光協会
☎075-213-1717

駅周辺情報

出町柳駅に隣接の叡電出町柳駅にファストフードやコンビニがあり、南側に老舗のベーカリー柳月堂（土曜休）がある。地下鉄**北山駅**周辺にはレストランやケーキ店などが並ぶ。

▲出町柳駅近くの飛び石。向こうに東山の「大文字」が見える

▲紅葉と桜の名所でもある上賀茂神社

世界遺産である下鴨神社から上賀茂神社へは、賀茂川沿いを歩いて約1時間。自然豊かな水辺ウォーキングを楽しみ、上賀茂神社から山麓を歩いて深泥池まで足を延ばす。

出町柳駅の前は賀茂川と高野川の合流点で、ここから鴨川になる。向こう岸まで亀や千鳥の形をした飛び石が並び、下鴨神社へはこの石を渡って行くこともできる。三角州には糺の森と呼ばれる約12万㎡の貴重な原生林が広がり、下鴨神社とともに世界遺産である。森の南端には『方丈記』の作者・鴨長明ゆかりの河合神社があり、方丈の庵が復元されている。森の中の参道を歩いていくと、**❶下鴨神社**の朱塗りの楼門が見えてくる。平安時代以前の創建で京都最古の神社の一つ。国宝の本殿2棟や重要文化財の社殿53棟が立ち並んでいる。

境内を西へ出て住宅地を抜け、賀茂川に出る。遊歩道を歩きながら、サギやユリカモメなどバードウォッチングも楽しい。春は土手に桜並木が延々と続き、特に**❷北大路橋**から約800mは半木の道とよばれ、枝垂れ桜が咲き誇る桜のトンネルになる。**❸北山大橋**を越えると観光客の姿も減り、のどかな雰囲気に変わる。正面に遠く見えていた五山送り火の一つ、西賀茂船山の「船形」が次第に大きくなってくる。

御薗橋で賀茂川を離れ、**❹上賀茂神社**に向かう。一の鳥居から二の鳥居までは神事が行われる芝生が広がり、二の鳥居の先に鎮守の森に囲まれた国宝の本殿や重文の社殿がある。門前には境内から流れ出る明神川沿いに、土橋を渡し土塀をめぐらせた社家（神官の屋敷）が立ち並ぶ。室町時代から発展してきた町並みは重要伝統的建造物群保存地区に指定され、昔の面影を残す西

▲北山大橋を越えると「船形」がぐんぐん近づいてくる

Data

●**下鴨神社** ☎075-781-0010、6時30分～17時、境内自由。大炊殿は10～16時、500円
●**上賀茂神社** ☎075-781-0011、5時30分～17時、境内自由。本殿・権府は10～16時、500円
●**西村家庭園** ☎075-781-0666、9時30分～16時30分、12/9～3/14休、500円
●**大田神社** ☎075-781-0907、9～17時、カキツバタの時期は育成協力金300円

▲大田の沢のカキツバタの群生

▲神秘的な雰囲気の深泥池

▲社家町のシンボルとして崇められてきたクスノキ

村家別邸（旧錦部家）の庭園が見学可能である。川沿いを進むと樹齢推定500年のクスノキの神木が立ち、上賀茂神社の境外末社である**⑤藤木社**がある。

社家の井関家がある角を左に入り、大田神社へ向かう。境内の**⑥大田の沢**はカキツバタの野生群落地で、天然記念物に指定されている。開花時期は5月中旬頃で、平安時代から詠われる名勝。道路向かいに

▲人気の洋菓子店やカフェが並ぶ北山通

明治16年（1883）上賀茂の社家に生まれた北大路魯山人の生誕地石碑が立っている。

閑静な住宅街を通り、**⑦深泥池**へ。三方を低山に囲まれた周囲1.5kmの池には浮島があり、氷河期の植物や昆虫が生き残る貴重な生物群落として天然記念物に指定されている。中でも4〜5月に白い花が咲くミツガシワや、世界に一種しかいない水生のミズグモは特に珍しい。下鴨中通を南下し、地下鉄**北山駅**へ。人気の洋菓子店やカフェが並ぶ北山通を歩いたり、四季折々の花が咲く京都府立植物園や、陶板名画の庭に寄って帰るのもよい。

立ち寄り SPOT

🍴 はせがわ
はせがわ

行列ができる昔ながらの洋食店。メニューが豊富で、味も量も値段も大満足。看板メニューのハンバーグは注文を受けてから肉をこねるので、少々時間はかかるが絶品。隣で販売する弁当を購入し、賀茂川で食べるのもおすすめ。

☎075-491-8835、11〜15時、16時〜20時30分、月曜・第3火曜休（祝日の場合は翌日）

📷 京都府立植物園
きょうとふりつしょくぶつえん

大正13年（1924）に開園した日本を代表する植物園。約24万㎡の園内に1万2000種の植物を集めている。桜林やバラ園、大観覧温室など、一年中花が楽しめる。隣接する安藤忠雄氏設計の「陶板名画の庭」との共通券（250円）もある。

☎075-701-0141、9〜17時（入園16時まで）、無休、200円。温室は10〜16時、別途200円

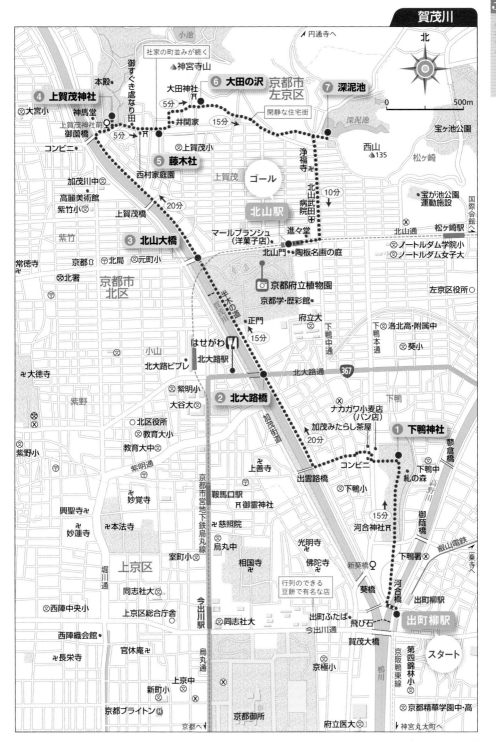

賀茂川

北

0　　　500m

円通寺へ

小池

社家の町並みが続く

神宮寺山

本殿

御すぐき処なり田

④ 上賀茂神社

大宮小

神馬堂

上賀茂神社前

御薗橋

5分

コンビニ

加茂川中

高麗美術館

紫竹小

上賀茂橋

紫竹

常徳寺

京都⑧

北署

京都市
北区

大徳寺

大田神社

5分

井関家

⑥ 大田の沢

15分

京都市
左京区

⑦ 深泥池

深泥池

宝ヶ池公園

西山

松ヶ崎

135

宝が池公園
運動施設

国際会館へ

上賀茂小

⑤ 藤木社

西村家庭園

ゴール

浄福寺

北山武田
病院

北山駅

10分

松ヶ崎通

松ヶ崎駅

③ 北山大橋

20分

北局

元町小

マールブランシュ
(洋菓子店)

進々堂

北山通

ノートルダム学院小

ノートルダム女子大

北山門・陶板名画の庭

京都府立植物園

左京区役所

洛北高・附属中

葵小

京都市
北区

紫明小

大谷小

北区役所

教育大小

教育大中

紫明通

紫野

紫野小

はせがわ

北大路ビブレ

北大路駅

② 北大路橋

京都市営地下鉄烏丸線

鞍馬口駅

御霊神社

慈照院

烏丸中

相国寺

光明寺

佛陀寺

15分

正門

府立大

京都学・歴彩館

下鴨中通

下鴨本通

北大路通

367

下鴨

ナカガワ小麦店
(パン店)

加茂みたらし茶屋

20分

コンビニ

出雲路橋

下鴨小

上善寺

出雲路橋

① 下鴨神社

糺の森

下鴨中

御蔭橋

高野川

夢倉橋

河合神社

下鴨署

叡山電鉄

15分

妙覚寺

興聖寺

本法寺

妙蓮寺

室町小

同志社大

上京区

堀川通

西陣中央小

西陣織会館

長栄寺

上京区総合庁舎

官休庵

今出川駅

同志社大

今出川通

新町小

上京中

烏丸通

京都ブライトン

京都へ

行列のできる
豆餅で有名な店

出町ふたば

飛び石

京極小

京都御所

府立医大

新葵橋

河合橋

葵橋

出町柳駅

鴨川

賀茂大橋

スタート

京阪鴨東線

出町柳駅

第四錦林小

京都精華学園中・高

叡山
電鉄へ

乗寺へ

神宮丸太町へ

133

35

京阪京津線

京阪山科駅
けいはんやましな
KEIHAN YAMASHINA
◄ ►

琵琶湖疏水

(びわこそすい)

京都

疏水沿いの快適な散策路で毘沙門堂へ
途中から山を登り下りして南禅寺まで

▲琵琶湖疏水沿いの散策路は春の桜、秋の紅葉の時期がおすすめ

歩行時間								
約**2**時間**30**分								

歩行距離
約**9**km

歩　数
約**1**万**9000**歩

スタート　京阪山科駅 — ❶諸羽神社 15分 — ❷毘沙門堂 15分 — ❸山ノ谷橋 40分 — ❹七福思案処 30分 — ❺インクライン 20分 — ❻南禅寺・水路閣 10分 — ❼琵琶湖疏水記念館 10分 — ゴール　地下鉄蹴上駅 10分

アクセス

行き：淀屋橋駅→京阪本線→三条駅→徒歩5分→三条京阪駅→京都市営地下鉄東西線・京阪京津線→京阪山科駅(1時間)　**帰り：**蹴上駅→京都市営地下鉄東西線→三条京阪駅→徒歩5分→三条駅→京阪本線→淀屋橋駅(55分)

問い合わせ先

京都市観光協会
☎075-213-1717

駅周辺情報

京阪山科駅に近接してJRと京都市営地下鉄東西線の山科駅がある。駅前には大きな商業施設やコンビニなどがあり便利。蹴上駅周辺に店はほとんどない。

▲山科地蔵を祀る徳林庵の六角堂

▲疏水沿いの散策路から山科の街を見渡す

▲四季折々の花が咲く日向大神宮の外宮

▲朱色鮮やかな毘沙門堂の本堂

▲七福思案処の京都一周トレイル道標

▲インクラインのレール沿いに桜が咲く

　京阪山科駅を出て山科駅前交差点から旧東海道を歩き始める。京都六地蔵の一つで東海道の守護仏である徳林庵の山科地蔵を参拝したら、少し引き返して諸羽神社の石鳥居をくぐる。北上して高架下を抜けると**❶諸羽神社**が見えてくる。鳥居の手前の小道を上ると公園があり、左へ進むとすぐに諸羽トンネルから出てくる琵琶湖疏水と合流する。ここから歩く疏水沿いの散策路は、春は桜、秋は紅葉の並木が美しく快適だ。

　安朱橋まで来たら疏水を離れ、北上して**❷毘沙門堂**へ向かう。参道の急な石段を上って仁王門をくぐると、近年修復されて再建時の鮮やかな色彩が蘇った本堂がある。桜と紅葉の名所としても知られ、宸殿前の樹齢150年を超える枝垂れ桜が見事だ。参道を下り、山科聖天へ向かう道のガードレール手前から下りて小さな橋を渡る。住宅路を抜けると安祥寺川沿いの土道になり、やがて疏水沿いの散策路に戻る。

　道はゆるやかなカーブを繰り返し、JRの線路に近づくあたりで山科の市街が一望できる。本圀寺への参道である朱色の正嫡橋を越えて歩き続ける。やがて疏水は第2トンネルへ入るが、手前にある小さな**❸山ノ谷橋**を渡って東屋のある広場へ。右手の道の先には永興寺があるが、正面の細い山道へ進む。

　小川沿いの道を上っていくと、左手に丸太の小橋があり、気付かず直進すると毘沙門堂方面へ行ってしまうので注意しよう。橋を渡ると急斜面が待っているが、きつい道はそれほど続かない。鉄塔の横を通り過ぎて、何本もの山道が交差する**❹七福思案処**に着く。京都一周トレイルの標識「東山38」に従い、歩きやすい右手のルートを歩こう。木の根が露出した山道を下って、開運厄除の天岩戸の前を過ぎると、日向大神宮の内宮の前に出る。「京の伊勢」と称され

Data

- **毘沙門堂**　☎075-581-0328、9〜17時(12〜2月は16時30分)、境内自由。宸殿拝観500円
- **日向大神宮**　☎075-761-6639、拝観自由
- **南禅寺**　☎075-771-0365、8時40分〜17時(12〜2月は〜16時30分)、12/28〜31休、方丈庭園600円、三門600円、南禅院400円
- **琵琶湖疏水記念館**　☎075-752-2530、9〜17時、月曜休(祝日の場合は翌日)、無料

▲疏水分線沿いを歩いて南禅寺へ

る古社で神明造の社殿が美しい。

　参道を下ると疏水と再会し、右手に傾斜鉄道跡の**❺インクライン**が見える。約582mのレールが残り、桜の並木が咲く時期は大勢の人が歩いている。京都市街を見下ろす広場には、疏水の設計と工事監督を務めた田邉朔郎の像が立つ。その後方の鉄柵横の狭い通路を渡り、緑の中を流れる疏水分線に沿って歩くと、レンガ造りの**❻南禅寺・水路閣**に達する。明治21年（1888）に完成

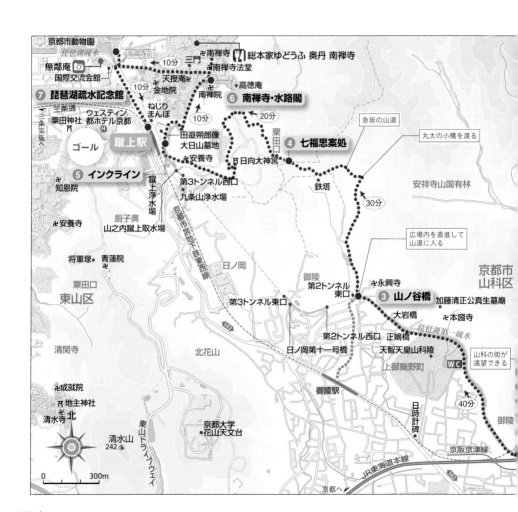

したアーチ型橋脚の水路橋は時を経て、南禅寺の境内によく馴染んでいる。

南禅寺の大きな三門をくぐって西に進むと、南禅寺前交差点の右手に**❼琵琶湖疏水記念館**（きねんかん）がある。インクラインに沿って坂道を上り、「ねじりまんぽ」と呼ばれるレンガをねじるような形で積んだトンネルの前を通って、地下鉄**蹴上駅**（けあげえき）に着く。

※山登りを避ける場合は山ノ谷橋から御陵駅（みささぎえき）へ徒歩7分、地下鉄で蹴上駅へ。

▲南禅寺境内を通る水路閣

▲疏水の資料や模型を展示する琵琶湖疏水記念館

琵琶湖疏水

滋賀県
大津市

毘沙門堂町

稲荷山町

山科聖天卍　毘沙門堂本堂
卍龍華院　**❷毘沙門堂**
瑞光院卍

柳山町

安祥寺町　（15分）

洛東高◎　安朱橋
安祥寺卍　安朱小　諸羽トンネル西口

上野　**❶諸羽神社**　大津へ

京阪山科駅　スタート　疏水公園

白蓮寺　びわ湖
四宮駅　浜大津へ

山科駅
（15分）　旧東海道　徳林庵

立ち寄り｜**S P O T**

総本家ゆどうふ 奥丹 南禅寺

そうほんけゆどうふ おくたん なんぜんじ

南禅寺周辺には湯豆腐店が多く、なかでも奥丹は創業380年を越える老舗。メニューは湯豆腐に田楽、胡麻豆腐などが付いた「ゆどうふ一通り」3300円のみ。材料と伝統の製法にこだわった豆腐がうまい（売り切れ次第終了）。
☎075-771-8709、11〜15時（季節によって異なる）、木曜休（祝日の場合は営業）、代休・不定休あり

無鄰庵

むりんあん

明治・大正の元老・山縣有朋の別荘。木造の母屋と茶室、日露戦争前に伊藤博文や桂太郎らが無鄰菴会議をした洋館がある。庭園は有朋の指示で、名造園家・七代目小川治兵衛が作庭した野趣あふれる近代日本庭園。
☎075-771-3909、9〜18時（10〜3月は9〜17時）、無休、600円

宇治 京都

知る人ぞ知る花の寺から平等院へ
『源氏物語』宇治十帖の古蹟巡りも

▲平安の雅びな雰囲気が漂う朱塗りの朝霧橋。宇治川は桜の名所でもある

歩行時間 約**1時間25分**	スタート 三室戸駅	❶ 三室戸寺	❷ 源氏物語ミュージアム	❸ 宇治上神社	❹ 恵心院	❺ 興聖寺	❻ 十三重石塔	❼ 平等院	ゴール 宇治駅
歩行距離 約**5.6**km		15分	15分	5分	5分	10分	15分	5分	15分
歩 数 約**1万2000**歩									

アクセス

行き：淀屋橋駅→京阪本線特急→中書島駅→京阪宇治線→三室戸駅(51分)
帰り：宇治駅→京阪宇治線→中書島駅→京阪本線特急→淀屋橋駅(53分)　＊京都駅からは近鉄・京阪を乗り継いで28分

問い合わせ先

宇治市観光協会
☎0774-23-3353

駅周辺情報

三室戸駅は近くにスーパーがある。私鉄駅として初めてグッドデザインに選定された**宇治駅**は駅に観光案内所があり、周辺に飲食店が多い。

▲平安文化を紹介する源氏物語ミュージアム

▲宇治上神社の大鳥居

▲アジサイが咲き誇る三室戸寺

▲仏徳山の登り口に総角の碑が立つ

▲朝霧橋の側にある宇治十帖モニュメント

　華やかな文化と歴史の舞台である宇治は、2つの世界遺産や花の名所などみどころの多いコース。『源氏物語』宇治十帖にちなんだ古蹟もチェックしながら回ると、ウォーキングがより楽しくなるだろう。

　三室戸駅から東に向かう。途中、府道7号沿いに「手習の碑」がある。道標に従って歩き、西国三十三所第10番札所の❶三室戸寺へ。広い境内に四季折々の花が咲く花の寺として知られ、特に2万株のつつじ園や50種1万株のあじさい園は見応えがある。「浮舟の碑」は鐘楼の脇にある。

　来た道を戻り、右手に並ぶ小さな地蔵を目印に左折。「蜻蛉の碑」を通り過ぎるとまもなく❷源氏物語ミュージアム。光源氏や宇治十帖の雅びな世界を映像や模型で紹介している。ここから宇治川まで続く石畳の散策路・さわらびの道を歩く。「総角の碑」が立つところが、仏徳山（大吉山）への登り口。宇治の街を見渡せる展望台へは蛇行する山道を約20分上るが、時間と体力があればぜひおすすめしたい絶景スポットだ。

　1つ目の世界遺産❸宇治上神社の本殿は平安時代の建立で、現存する日本最古の神社建築である。参道を歩いて鳥居をくぐり、「早蕨の碑」を通りすぎて宇治神社の境内に入る。鎌倉時代初期に建てられた本殿は国の重要文化財である。

　宇治川に出て左折し、福寿園の手前の坂を上ると❹恵心院。弘法大師によって開基された古刹で、広くはない境内に冬のスイセンや日本三大桜の三春滝桜の子木など、四季折々のさまざまな花が咲く穴場的な花の寺である。宇治川沿いを歩き、❺興聖寺の総門へ。約200mの琴坂とよばれる参道は、春は桜やヤマブキに彩られ、秋は紅葉のトンネルとなり大変美しい。曹洞宗の名刹で、

▲仏徳山の展望台より宇治市街を見渡す

▲福島の樹齢1000年を越える三春滝桜の子木が咲く恵心院

▼琴坂を上って興聖寺の竜宮造りの山門へ

▲十三重石塔を背に喜撰橋を渡る

法堂は伏見城の遺構と伝わる。境内は禅寺らしい凛とした雰囲気に包まれている。

　朱色の朝霧橋まで戻ると、橋のたもとに宇治十帖モニュメントがある。塔ノ島には高さ約15mで日本最大の❻十三重石塔が立っている。鎌倉時代の建立で、国の重要文化財だ。喜撰橋を渡り、世界遺産の❼平等院に南門から入る。天喜元年（1053）建立の鳳凰堂が池の水面に映るさまが美しい。

▲本来は橋の守り神だった橋姫神社

▲宇治橋の西詰に紫式部の像がある

ミュージアム鳳翔館は国宝や出土品が展示され、CGによる復元映像など興味深い。表門から出て茶屋が並ぶ表参道を歩くのも楽しいが、南門から出て縁結びの神・縣神社と、縁切りの神で宇治十帖の古蹟でもある橋姫神社を回っていく。日本三古橋の一つ、宇治橋の手前に「夢浮橋の碑」と紫式部の像が立っている。橋を渡ると**宇治駅**で、近くに「東屋の碑」と「椎本の碑」がある。

Data

●三室戸寺　☎0774-21-2067、8時30分〜16時30分（11〜3月は〜16時）、500円。あじさい園期間中は800円
●源氏物語ミュージアム　☎0774-39-9300、9〜17時、月曜休（祝日の場合は翌日）、600円
●興聖寺　☎0774-21-2040、境内の庭は拝観自由。山内拝観は9〜16時、志納金500円
●平等院　☎0774-21-2861、8時30分〜17時30分（鳳翔館は9〜17時）、600円、無休。鳳凰堂内部拝観は9時30分〜16時10分（20分毎、各回20名、受付9時〜）、300円

立ち寄り|**S P O T**

🍴 通圓

つうえん

宇治橋の東詰にある創業永暦元年（1160）の茶屋。豊臣秀吉や徳川家康も茶を飲んだと記録に残り、吉川英治の小説『宮本武蔵』にも登場する。上抹茶とお菓子のセットや抹茶ぜんざい、ざる茶そばなど食べられる。おみやげに宇治名物の茶だんごを買って帰りたい。

☎0774-21-2243、9時30分～17時30分、無休

🍴 福寿園 宇治茶工房

ふくじゅえん うじちゃこうぼう

恵心院の参道横にある。石臼で抹茶作りを体験し、できた抹茶をその場で飲むことができる（10時～最終受付16時、予約優先、お菓子付き1296円）。お茶や茶器の売店や、お茶を使った料理や甘味が味わえる食事処もある。

☎050-3152-2930、10～17時、月曜休（祝日の場合は翌日）

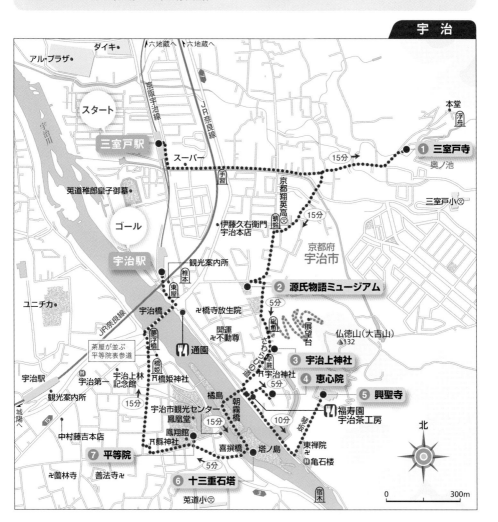

宇治

醍醐寺周辺 （京都）
だいごじしゅうへん

小野小町の随心院から世界遺産醍醐寺へ
親鸞の生家日野氏を訪ねる歴史の道

▲醍醐古道を通って醍醐寺北門へと抜けるコースは静かな散策路

歩行時間	**2時間5分**
歩行距離	**約9km**
歩　数	**約1万8000歩** ※醍醐寺境内の拝観含まず

スタート 小野駅 〜 ❶随心院 10分 〜 ❷醍醐天皇後山科陵 10分 〜 ❸醍醐寺北門 25分 〜 ❹善願寺 10分 〜 ❺一言寺 10分 〜 ❻日野誕生院 30分 〜 ❼法界寺 5分 〜 ゴール 石田駅 25分

🚃 アクセス

行き：淀屋橋駅→京阪本線特急→三条駅→徒
歩5分→三条京阪駅→京都市営地下鉄東西線
→小野駅
帰り：石田駅→京都市営地下鉄東西線→山科
駅→JR山科駅→大阪方面へ

問い合わせ先

京都市観光協会
☎075-213-1717

🏠 駅周辺情報

小野駅及び石田駅周辺には、コンビニや飲
食店があるが、醍醐、日野への道中は閑静な
住宅地で休憩どころは少ない。

▲梅林の横にサツキ咲く随心院の初夏

▲安産祈願で有名な善願寺

▲今も丈六の阿弥陀如来像が残る法界寺

▲一言念じれば願いが叶うという一言寺

▲親鸞聖人の生家、日野誕生院は静謐な場所

　小野駅から地上に出ると、そこは絶世の美女小町が暮らした小野の里だ。案内板を頼りに❶随心院へ。平安の女流歌人小町ゆかりの寺院で、数多の恋文を供養した文塚や化粧井戸などがあり、境内の小野梅林には230本もの梅の木が咲き誇る。

　随心院からは交通量の多い奈良街道を避け、一筋東の醍醐古道を歩く。ほどなくして❷醍醐天皇後山科陵が見えてくる。源平合戦の折、平家打倒に挙兵した武将源頼政がたどった、宇治に通じる古道である。閑静な住宅街を通って、突き当たりが❸醍醐寺北門で、その先左手、長い階段を上った高台に長尾天満宮が鎮座する。

　世界遺産の醍醐寺は、平安時代の古刹で、太閤秀吉が花見を行った桜の名所である。仁王門をくぐると堂塔伽藍が広がり、天暦5年（951）に建てられた国宝五重塔は京都府最古の木造建築。境内奥は醍醐寺開創の上醍醐へと通じ、醍醐水が湧き出ている。仁王門を後に、桜馬場の右手が国の名勝三宝院、左手が寺宝を展示する霊宝館である。

　総門から旧奈良街道を南へ、通り沿いに腹帯地蔵さんの名で親しまれる❹善願寺が見える。街道の次の角を左折し、住宅街を縫って歩き、醍醐中学を目印に左折し、石段を上ると❺一言寺だ。

　醍醐中学の裏手の道をひたすら歩くと日野の里。応仁の乱で天下を揺るがせた日野富子の故郷である。恵福寺を山手に『方丈記』を執筆した鴨長明方丈石（庵跡）の道標を見て❻日野誕生院へ。道なりに下っていくと日野氏の菩提寺❼法界寺。国宝阿弥陀堂と阿弥陀如来像は、宇治平等院と相前後し極楽浄土の再現といわれる。日野の交差点を道標に従い下っていくと石田駅に着く。

Data

●随心院　☎075-571-0025、9～16時30分、500円
●醍醐寺　☎075-571-0002、9～17時（季節により変動）、1000円（下醍醐・三宝院庭園・霊宝館）・上醍醐入山料は600円
●善願寺　☎075-571-0036、9時30分～16時、500円（要予約）
●一言寺　☎075-571-0011、9～17時、境内自由
●日野誕生院　☎075-575-2258、境内自由
●法界寺　☎075-571-0024、9～17時（季節により変動）、500円

立ち寄り SPOT

📷 醍醐寺霊宝館
だいごじれいほうかん

貞観16年（874）創建以来の寺宝約10万点（うち国宝・重文7万5千点以上）を収蔵。なかでも上醍醐の山上にあった国宝薬師三尊像や「五大力さん」と親しまれている五大明王像が遷座。庭には樹齢180年の醍醐大枝垂れ桜が咲き誇る。

☎075-571-0002、9〜17時（季節により変動）、500円（霊宝館・平成館のみ）

🍴 醐山料理 雨月茶屋
ござんりょうり うげつちゃや

醍醐寺境内にある食事処。旬の京野菜や生湯葉、豆腐をふんだんに使った精進料理。醍醐寺の伝統料理をもとに作りだされている。

なかでも名物のスモシは筍の湯葉巻き寿司で滋味。予約席の恩賜館は、京都御所から下賜されたもの。

☎075-571-1321、9〜18時、火・水・金曜休（祝日の場合は営業）

醍醐寺周辺

坂本比叡山口駅
さかもとひえいざんぐち
SAKAMOTOHIEIZANGUCHI
◀　▶

坂本 （滋賀）
さかもと

穴太衆積みの石垣が続く
比叡山の麓にある里坊の町

▲自然の石を巧みに積み上げた穴太衆積み。苔むした石垣に紅葉が映える

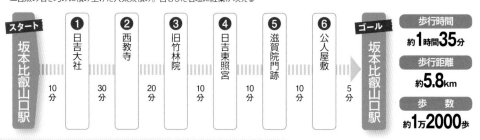

スタート	❶	❷	❸	❹	❺	❻	ゴール
坂本比叡山口駅	日吉大社	西教寺	旧竹林院	日吉東照宮	滋賀院門跡	公人屋敷	坂本比叡山口駅
	10分	30分	20分	10分	10分	10分	5分

歩行時間
約1時間35分

歩行距離
約5.8km

歩数
約1万2000歩

アクセス

行き:三条駅→徒歩5分→三条京阪駅→京都市営地下鉄東西線・京阪京津線→びわ湖浜大津駅→京阪石山坂本線→坂本比叡山口駅(38分)　**帰り:**往路を戻る　＊坂本比叡山口駅からJR比叡山坂本駅は東へ徒歩10分

問い合わせ先

坂本観光協会
☎077-578-6565

駅周辺情報

坂本比叡山口駅のすぐ近くに坂本観光案内所がある。周辺は喫茶店や食事処が点在している。

145

▲国宝や重文が多い日吉大社

▲旧竹林院の庭園は国指定の名勝

▲天台座主の墓や石仏が並ぶ慈眼堂

▲西教寺の紅葉も美しい

▲日吉東照宮の総黒漆塗り・極彩色の社殿

▲公人屋敷の旧状をよくとどめた旧岡本邸

　延暦寺の僧侶が隠居した住まいを里坊といい、坂本には今も50余りが残っている。建物や美しい庭園を囲む穴太衆積みの石垣が続く歴史ある町で、重要伝統的建造物群保存地区にも指定されている。

　坂本比叡山口駅から日吉馬場とよばれる坂道を上る。道の両側に石垣が続き、春は桜、秋は紅葉が美しい。突き当たりが日本最古の神社の一つである**❶日吉大社**。全国に3800余ある日吉・日枝・山王神社の総本宮である。約13万坪の境内には国宝の東本宮本殿、西本宮本殿を中心に重要文化財も数多くあり、紅葉の名所としても知られる。

　西教寺へは山の辺の道を歩く。緑の深い小径を抜けると、のどかな里山風景が広がり、右手に琵琶湖が見える快適な道だ。八講堂の千体地蔵尊を過ぎ、県道47号に出て左折すると、ほどなく**❷西教寺**の総門がある。織田信長の比叡山焼き討ちで焼失の際、復興に尽力した明智光秀一族の墓がある。

　県道で戻って里坊の一つである**❸旧竹林院**へ。広い庭園に2棟の茶室と四阿がある。南下して右手の階段の参道を上ると、元和9年（1623）造営で日光東照宮のモデルとなった重要文化財の**❹日吉東照宮**がある。階段から坂道を下って、歴代天台座主の墓や石仏が並ぶ慈眼堂に入る。その東側に天台座主の居所であった**❺滋賀院門跡**がある。延暦寺の本坊らしい、堂々たる白壁と石垣に囲まれ、小堀遠州作の庭園や狩野派の障壁画などみどころが多い。

　石垣の美しい御殿馬場を下り、作り道から日吉馬場に戻る。駅を少し通り過ぎて**❻公人屋敷**（旧岡本邸）へ。公人とは延暦寺の僧侶で妻帯と名字帯刀を許され、寺務を勤めた人たちのこと。江戸後期に建てられた屋敷を見学し、**坂本比叡山口駅**に戻ろう。

Data

●**日吉大社** ☎077-578-0009、9時～16時30分、300円。日吉東照宮は200円（日吉大社参拝者は150円）、内部拝観は土・日曜・祝日の10～16時
●**西教寺** ☎077-578-0013、9時～16時30分、内部拝観500円
●**旧竹林院** ☎077-578-0955、9～17時、月曜休（祝日の場合は翌日）、330円
●**滋賀院門跡** ☎077-578-0130、9時～16時30、内部拝観450円
●**公人屋敷** ☎077-578-6455、9～17時、月曜（祝日の場合は翌日）・祝日の翌日休、100円

立ち寄り **S|P|O|T**

🎁 鶴屋益光

つるやますみつ

創業100年余の和菓子の老舗。坂本は日本で初めて蕎麦が伝来したところといわれ、「そば饅頭」はそれにちなんだ菓子。比叡山が発祥という言葉「見ざる、言わざる、聞かざる」にちなんだ「比叡のお猿さん」は刻み栗が入ったこし餡の可愛い最中で、おみやげに人気がある。

☎077-578-0055、9〜19時、水曜休

🍴 本家 鶴㐂そば

ほんけ つるきそば

比叡山延暦寺の台所を預かる坂本で、享保初年（1716）創業で300年近く続く手打ち蕎麦の老舗。入母屋造の建物は築およそ130年で、国の登録有形文化財に指定されている。こだわりの手打ち蕎麦と伝統のつゆがおいしい。

☎077-578-0002、10〜18時、第3金曜休（1・6月は第3木・金曜休、8・11月は無休）、売切れ次第閉店

坂 本

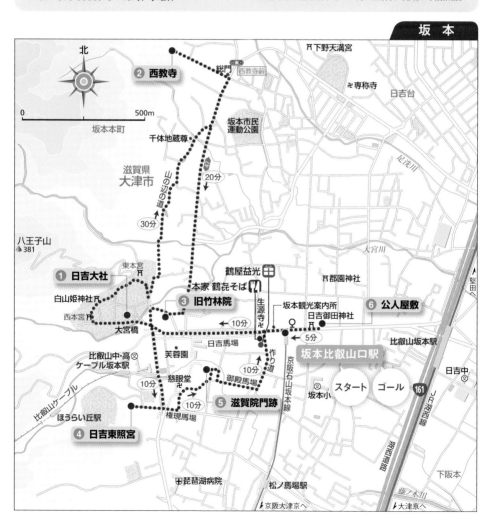

修学院周辺 （京都）
しゅうがくいんしゅうへん

赤山禅院から曼殊院門跡、詩仙堂へ
洛北の名刹と美しい庭園を巡る

▲詩仙堂の書院から眺める丈山好みの唐様庭園は5月下旬～6月上旬頃にサツキが咲く

歩行時間 約**1**時間**50**分	スタート 修学院駅	❶ 赤山禅院 25分	❷ 修学院離宮 10分	❸ 鷺森神社 10分	❹ 曼殊院門跡 15分	❺ 詩仙堂 20分	❻ 八大神社 5分	❼ 金福寺 10分
歩行距離 約**6**km								ゴール 一乗寺駅 15分
歩　数 約**1**万**2000**歩								

アクセス

行き：淀屋橋駅→京阪本線特急→出町柳駅→
叡山電鉄本線→修学院駅(1時間2分)
帰り：一乗寺駅→叡山電鉄本線→出町柳駅→
京阪本線特急→淀屋橋駅(1時間)

問い合わせ先

京都市観光協会
☎075-213-1717

駅周辺情報

修学院駅、一乗寺駅ともに繁華な場所なの
で食事処や喫茶、コンビニなどには困らな
い。

▲修学院から鷺森神社へ向かう

▲鷺森神社の八重垣は縁結びで評判

▲紅葉の名所として知られる赤山禅院の参道

▲曼殊院門跡の正門である勅使門

▲詩仙堂の趣ある入口の門「小有洞」

　叡電の**修学院駅**から東へ歩いて突き当たりの白川通を北上し、音羽川沿いの修学院離宮道へ入っていく。ほどなく川から離れ、分岐にある「左 赤山道」の石標に従って左に進み、鳥居をくぐって**❶赤山禅院**の山門へ。創建は平安時代で、比叡山延暦寺の塔頭の一つである。本尊の赤山大明神は唐の泰山府君（陰陽道の祖神）を勧請したもので、都の表鬼門の鎮守である。拝殿の屋根の上には鬼門除けの猿が置かれている。

　来た道を石標まで戻り、左折した突き当たりが**❷修学院離宮**の入口。後水尾上皇が

▲曼殊院門跡へ向かう坂道でちょっと振り返ってみよう

造営し、万治2年（1659）に完成した山荘である。約54.5万㎡の広大な敷地内に上・中・下3つの離宮（御茶屋）があり、高低差を生かした借景庭園がすばらしい。参観はアップダウンを含む約3km、所要時間約1時間20分のガイドツアー形式で、事前の申し込みが必要だ。

　南下して突き当たりを右折し、**❸鷺森神社**へ。修学院・山端地区の産土神で、元は修学院離宮地にあった大変古い神社である。境内奥には縁結びにご利益があると伝わる「八重垣」という石がある。

　案内板に従い田畑の間のゆるやかな坂道を上って行く。途中で振り返ると洛北の町並みの向こうに愛宕山などが見えている。突き当たりを右折すると**❹曼殊院門跡**に着く。最澄が比叡山に創建し、明暦2年（1656）良尚法親王によりこの地へ移され造営された。大書院や小書院は桂離宮に通じる趣があり、公家好みの枯山水庭園は5月初旬に真紅の花を咲かせる霧島ツツジや紅葉など、四季折々に美しい。

▲八大神社の一乗寺下り松の古木と宮本武蔵像

▲宮本武蔵決闘の地と伝わる一条寺下り松

▲金福寺の枯山水庭園。高台に茅葺き屋根の芭蕉庵がある

　曼殊院道を下り、圓光寺への案内板に従って左折する。静かな住宅地を抜けると、左手に圓光寺がある。現存する日本最古の木活字（重文）があり、池泉回遊式庭園の十牛之庭は苔と紅葉が見事だ。さらに南下して❺詩仙堂へ。徳川家康に仕え、風雅な文化人でもあった石川丈山が造営し、晩年を過ごした山荘跡である。書院に座って美しい庭を眺めたり、斜面を生かした苑内を歩いてゆっくり過ごしたい。

　詩仙堂の隣にある❻八大神社には、宮本武蔵が一乗寺下り松の決闘に向かう前に「神仏を尊び、神仏に頼らず」と悟ったという逸話が残っている。境内には一乗寺下り松の大木の一部が祀られ、その傍らに若々しい武蔵像が立っている。

　詩仙堂前の道を下り、案内に従い住宅地の細い道を通って❼金福寺へ向かう。与謝蕪村が再興した芭蕉庵があり、本堂に蕪村

や舟橋聖一の小説『花の生涯』のヒロインで幕末の女スパイ、村山たかの遺品などを展示している。来た道を戻って左折、八大神社の鳥居が立つ交差点の南側が、武蔵と吉岡一門数十人が決闘した地と伝わる一条寺下り松だ。4代目の松の木と「宮本・吉岡決闘之地」の石碑が立っている。白川通を渡って直進すると一乗寺駅に着く。

Data

●赤山禅院 ☎075-701-5181、9時〜16時30分、境内自由
●修学院離宮 ☎075-211-1215(宮内庁京都事務所参観係)、参観無料　※現地で11時頃から午後参観の当日受付を行うが、定員があるので事前申し込みが確実
●曼殊院門跡 ☎075-781-5010、9〜17時、600円
●八大神社 ☎075-781-9076、境内自由
●詩仙堂 ☎075-781-2954、9〜17時、5/23休、500円
●金福寺 ☎075-791-1666、9〜17時、1/16〜2月末日・8/5〜31・12/30〜31休、400円

立ち寄り **SPOT**

⊞ 雲母漬老舗 穂野出
きららづけしにせ ほので

比叡山への古道は雲母坂とよばれ、かつて名僧や多くの人々が往来した。途中で寄る茶店の味噌漬けが名物となり、雲母漬の名で今も受け継がれている。元禄2年（1689）創業の穂野出は小茄子を京都ならではの白味噌で漬け、代々伝わる製法を守っている。

☎075-781-5023、9〜17時、無休

🍴 一乗寺中谷
いちじょうじなかたに

一乗寺名物・でっち羊かんを代々作り続けている老舗和菓子店で、宮本武蔵にちなんだ「一乗寺下り松 武蔵」などが並ぶ。「絹ごし緑茶てぃらみす」など和風洋菓子も人気。併設のカフェスペースでは和・洋菓子やわらびもちパフェなどのスイーツが味わえ、食事もできる。

☎075-781-5504、9〜18時、水曜休

修学院周辺

鞍馬・貴船 _{京都}

（くらま・きぶね）

牛若丸修行の地、鞍馬寺に上り
鴨川源流の水の神さま貴船神社へ

▲貴船神社・結社の横にある「天の磐船」は船形の自然石

歩行時間
約**2**時間**20**分

歩行距離
約**6.5**km

歩　数
約**1**万**4000**歩

スタート 鞍馬駅 — 10分 → ❶ 由岐神社 — 20分 → ❷ 鞍馬寺本殿金堂 — 15分 → ❸ 大杉権現社 — 10分 → ❹ 奥の院魔王殿 — 20分 → ❺ 鞍馬寺西門 — 5分 → ❻ 貴船神社本宮 — 15分 → ❼ 貴船神社奥宮 — 45分 → **ゴール** 貴船口駅

アクセス

行き：淀屋橋駅→京阪本線特急→出町柳駅→叡山電鉄本線・鞍馬線→鞍馬駅（1時間26分）
帰り：貴船口駅→叡山電鉄鞍馬線・本線→出町柳駅→京阪本線特急→淀屋橋駅（1時間23分）

問い合わせ先

京都市観光協会
☎075-213-1717

駅周辺情報

鞍馬駅周辺はみやげ物店などが立ち並び賑やか。**貴船口駅**は駅売店があるが、周辺には店のたぐいはない。

▲鞍馬寺本殿前から山並みの絶景が広がる

▲貴船神社が創建された地である奥宮へ

▲由岐神社の樹齢800年の大杉　　▲朱塗の燈籠が並ぶ石段を上り貴船神社へ　　▲新緑も紅葉も美しい貴船川沿いの道

　山間を走る叡山電車は車窓からの眺めがよく、大きな窓の展望列車「きらら」も運行しているので、事前に時刻表を調べておこう。終点の**鞍馬駅**で降りてみやげ物店の前を通り過ぎると、すぐに鞍馬寺の仁王門に着く。急な坂を上り始めると、鞍馬の火祭で名高い**❶由岐神社**（ゆきじんじゃ）の拝殿が見えてくる。慶長12年（1607）豊臣秀頼による再建で、中央に通路がある割拝殿形式で重要文化財だ。本殿を過ぎると義経公供養塔が立っている。源義経（牛若丸）は鞍馬寺で修行したと伝わり、ゆかりの史跡が点在している。

　九十九折の長い参道を上っていくと、**❷鞍馬寺本殿金堂**（くらまでらほんでんこんどう）に着く。宝亀元年（770）鑑真和上の高弟・鑑禎上人（がんじょうしょうにん）が毘沙門天を奉安したのがはじまりで、本殿前の金剛床は有名なパワースポットだ。本殿左手から奥の院参道へ進む。国宝の毘沙門天三尊立像などを展示する霊宝殿を過ぎると、義経が飲んだという「息つぎの水」がある。尾根を越えるあたりには義経が背比べをした「背比べ石」があり、木の根道を穿つ石段を歩く。杉の大木に囲まれた**❸大杉権現社**（おおすぎごんげんしゃ）を過ぎ、

伝教大師が刻んだ不動明王を安置する僧正ガ谷（そうじょうがたに）の不動堂へ。義経がこのあたりで天狗から兵法を学んだと伝わり、近くに義経堂がある。木の根道を歩いて**❹奥の院魔王殿**（おくのいんまおうでん）に着くと、ここから一気に山を下り、**❺鞍馬寺西門**（くらまでらにしもん）を出て貴船川を渡る。

　京の奥座敷とよばれる貴船は平安の昔より避暑地として親しまれ、川床料理も人気。料亭や旅館が並ぶ川沿いの道を進み、石段を上って**❻貴船神社本宮**（きふねじんじゃほんぐう）へ。古くから水を司る神として崇められ、縁結びの神としても知られる。「三社詣で」の習わし通りに、本宮、奥宮、結社（ゆいのやしろ）の順に参拝する。

　上流へ溯り、杉の大木が並ぶ参道を通って**❼貴船神社奥宮**（きふねじんじゃおくみや）へ。来た道を戻って結社にお参りしたら、川沿いのなだらかな下り坂をのんびり歩いて、**貴船口駅**（きぶねぐちえき）へ。帰りに温泉に寄るなら逆コースで歩くのもいい。

Data

●鞍馬寺　☎075-741-2003、9時〜16時30分、愛山費300円。霊宝殿は〜16時、月曜休（祝日の場合は翌日）、12/12〜2月末、入館料200円。ケーブルは片道200円
●貴船神社　☎075-741-2016。6〜20時（12/1〜4/30は〜18時）、境内自由

立ち寄り│S│P│O│T│

🍴 貴船倶楽部

きぶねくらぶ

料亭や料理旅館が立ち並ぶ貴船川沿いで、気軽に入りやすいカフェ。自然のぬくもりを感じる店内で、オーガニックコーヒーや特製抹茶パフェなどを味わえる。10〜5月頃は釜飯や湯葉どんぶりなどの食事メニューもある。

☎075-741-3039、11〜17時（土・日曜、祝日は〜17時30分）、無休

♨ くらま温泉

くらまおんせん

鞍馬川沿いの一軒宿で、露天風呂が人気。日帰り入浴は露天風呂のみ利用（1000円）と、本館大浴場や休憩室も利用できるコース（2500円）がある。釜ごはんや鍋料理など味わえる食事処（11時40分〜19時30分LO）も併設。

☎075-741-2131、11〜19時最終受付、無休　※鞍馬駅から無料送迎バスあり

鞍馬・貴船

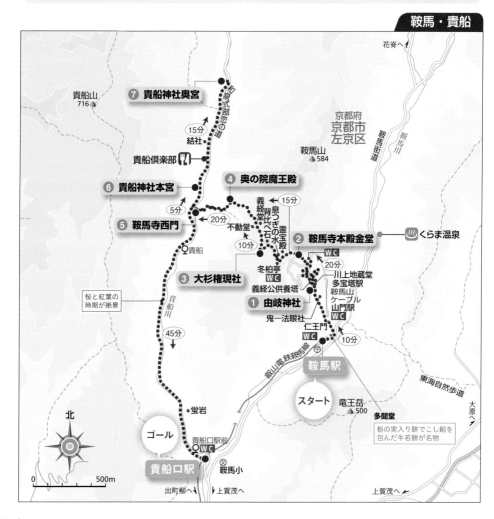

貴船山 716

⑦ 貴船神社奥宮

和泉式部恋の道

（15分）

結社

貴船倶楽部 🍴

⑥ 貴船神社本宮

（5分）

⑤ 鞍馬寺西門

（20分）

不動堂

♀貴船

③ 大杉権現社

冬柏亭 WC

義経公供養塔

① 由岐神社

鬼一法眼社

桜と紅葉の時期が絶景

貴船川

（45分）

・蛍岩

京都府 京都市 左京区

鞍馬街道

鞍馬川

花脊へ

鞍馬山 ▲584

④ 奥の院魔王殿

義経堂

背比べ石

息つぎの水

霊宝殿

（15分）

② 鞍馬寺本殿金堂

WC

（20分）

川上地蔵堂

多宝塔駅

鞍馬山ケーブル山門駅 WC

仁王門 WC

（10分）

♨ くらま温泉

叡山電鉄鞍馬線

鞍馬駅

スタート

竜王岳 ▲500

多聞堂

栃の実入り餅でこし餡を包んだ牛若餅が名物

東海自然歩道

大原へ

ゴール

貴船口駅前 WC

貴船口駅

鞍馬小

北

0　　500m

出町柳へ　上賀茂へ

上賀茂へ

JR沿線

- ●福知山線
- ●関西本線
- ●東海道本線
- ●湖西線

近江鉄道

信楽高原鉄道

武庫川渓谷
むこがわけいこく

兵庫

渓流沿いの枕木残る廃線敷を歩き
真っ暗なトンネルを抜けて武田尾へ

▲荒々しい岩を洗うように流れる水音を聞きながら歩く

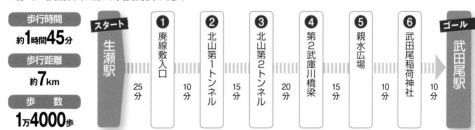

歩行時間	スタート		①	②	③	④	⑤	⑥	ゴール
約**1**時間**45**分	生瀬駅		廃線敷入口	北山第1トンネル	北山第2トンネル	第2武庫川橋梁	親水広場	武田尾稲荷神社	武田尾駅
歩行距離		25分	10分	15分	20分	15分	10分	10分	
約**7**km									
歩　数									
1万**4000**歩									

🚌 アクセス

行き：大阪駅→JR福知山線快速→川西池田駅
→JR福知山線普通→生瀬駅(27分)
帰り：武田尾駅→JR福知山線普通→西宮名塩
駅→JR福知山線快速→大阪駅(33分)

問い合わせ先

西宮観光協会
☎0798-35-3321
宝塚市国際観光協会
☎0797-77-2012

🏠 駅周辺情報

生瀬駅前にはミニコープがある。廃線敷は
入口に簡易トイレがあるだけなので、駅のト
イレを利用。**武田尾駅**は自動販売機がある
程度。

▲渓谷を眺めながら姥ヶ懐川橋梁を渡る

▲溝滝尾トンネルの出口から第2武庫川橋梁が見える

▲真っ暗な北山第1トンネルの入口

旧国鉄の福知山線廃線敷の生瀬～武田尾間は、鉄橋や6本のトンネルが残り、枕木の上を歩く冒険心くすぐるハイキングコースだ。武庫川渓谷の緑あふれる景観や、春は桜、秋は紅葉も楽しめ、長く立ち入り禁止であったが近年一般開放されて週末は多くのハイカーが訪れる。起伏のないルートだが、トンネル内は照明がなく真っ暗なので、懐中電灯やヘッドライトが必携。

生瀬駅(なまぜえき)から西へ進み、高架下をくぐって国道176号に出る。交通量が多く、歩道が狭いので注意する。高速道路の高架下を過ぎ、信号のある木ノ元バス停前交差点で横断歩道を渡る。すぐ右手の小道に入って、**❶廃線敷入口**(はいせんじきいりぐち)へ。手前に簡易トイレがあるが、コース内にはない。

右手に渓流が迫るダイナミックな自然を満喫しながら歩き、橋を2つ渡る。最初の**❷北山第1トンネル**(きたやまだい)は長さ319m。

▲1986年に廃線となった古い枕木の上を歩く

真っ暗な入口を前に少々尻込みするが、ライトを点け、足元に充分注意して歩こう。

トンネルを抜けると枕木が目立つようになり、廃線敷らしい雰囲気が楽しい。次の**❸北山第2トンネル**(きたやまだい)が最長の413m。古いレンガ造りのトンネル内で、コウモリに出会えるかもしれない。

大きな岩の合間に水しぶきが上がる豪快な景色を眺めながら、快適なウォークが続く。3本目のトンネルの出口の向こうに見えてくる鉄橋が**❹第2武庫川橋梁**(むこがわきょうりょう)で、人気の撮影スポットだ。4本目のトンネルを抜けてしばらく歩くと**❺親水広場**(しんすいひろば)の入口がある。ここで休憩している人も多く、河原にも下りられるが、増水している時は注意しよう。広場の北端には大峰山の登山口でもある桜の園入口があり、時間と体力があれば足を延ばしてみよう(P158コラム参照)。

短いトンネルを2本抜けると廃線敷は終わる。橋を渡ると右手に**❻武田尾稲荷神社**(たけだおいなりじんじゃ)の祠があり、県道327号に合流する。川沿いに歩いていくと**武田尾駅**(たけだおえき)に到着。ホームの北半分はトンネル内、南半分は橋梁上にあるユニークな駅だ。

立ち寄り SPOT

📷 桜の園
さくらのその

桜博士・笹部新太郎氏がサクラの品種保存や接ぎ木などを研究していた演習林「亦楽山荘」の跡。春はヤマザクラ、秋は紅葉が楽しめる周回路があり、途中に東屋や研究室として使用していた隔水亭がある。一周約1.3kmだが上り下りのある山道なので50分ほどかかる。
☎0797-77-2021（宝塚市公園河川課）

♨ 武田尾温泉
たけだおおんせん

江戸初期に豊臣方の落ち武者・武田尾直蔵が発見したと伝わる。2施設で日帰り入浴可能。武田尾駅から西へ500m、トンネルを抜けると無料の足湯がある。「武田尾温泉 元湯」
☎0797-61-0234、11〜18時、土・日曜・祝日のみ営業（予約優先、雨天休館あり）、1000円。「紅葉館別庭あざれ」☎0797-91-0131、11〜15時、1800円

武庫川渓谷

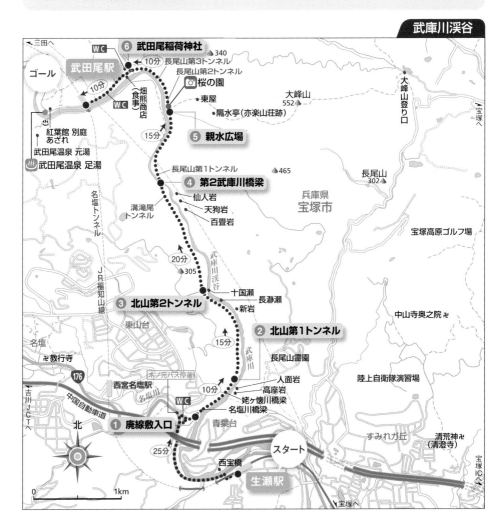

斑鳩の里
いかるが　さと
奈良

古代の文化香る聖徳太子ゆかりの地
古い町並みや田園を歩き斑鳩三塔巡り

▲伸びやかな田園風景が広がる法起寺周辺

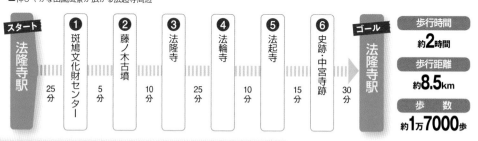

スタート
法隆寺駅

❶ 斑鳩文化財センター
25分

❷ 藤ノ木古墳
5分

❸ 法隆寺
10分

❹ 法輪寺
25分

❺ 法起寺
10分

❻ 史跡・中宮寺跡
15分

ゴール
法隆寺駅
30分

歩行時間
約2時間

歩行距離
約8.5km

歩　数
約1万7000歩

アクセス
行き：大阪駅→JR関西本線大和路快速→法隆寺駅（39分）
帰り：往路を戻る

問い合わせ先
斑鳩町観光協会
☎0745-74-6800

駅周辺情報
法隆寺駅にはコンコースに斑鳩町観光案内所がある。駅南口にはバス乗り場やコンビニなどがあり開けているが、法隆寺方面に行くなら北口を利用。

▲古墳を紹介する斑鳩文化財センター

▲高台にある天満池から法隆寺が見える

▲完全未盗掘で発掘された藤ノ木古墳

▲現在の境内から400m東にある中宮寺跡

▲再建された法輪寺の三重塔

法隆寺五重塔、法起寺三重塔、法輪寺三重塔は斑鳩三塔と総称されている。のどかな田園に映える塔の佳景を楽しみながら、太子ゆかりの古刹をゆったりと巡ろう。

法隆寺駅から県道5号に出て北上、国道25号で左折する。観光案内所の法隆寺iセンターに寄って地図などをもらい、法隆寺南大門へと続く松並木の参道をたどる。

左折して平安時代の歌人・在原業平が恋人宅へ通った道を歩き、**❶斑鳩文化財センター**へ。ここで藤ノ木古墳から出土した石棺や埋葬品のレプリカ展示を見てから、国史跡の**❷藤ノ木古墳**を見に行こう。6世紀後半の円墳で、ガラス越しに石室が見える。

土塀が続く西里の町並みを抜けて、日本初の世界遺産**❸法隆寺**へ。聖徳太子の建立と伝わり、世界最古の木造建築物群が立つ広い境内は、五重塔や金堂を中心とする西院伽藍と、八角円堂の夢殿が立つ東院伽藍からなる。みどころが多いので、時間の余裕に合わせて拝観しよう。夢殿の北東には、優雅な微笑の国宝・菩薩半跏像を本尊に奉安する中宮寺がある。北上して天満池へ。

振り返ると五重塔や斑鳩の里が見渡せ、東側には法隆寺鎮守4社を祀る斑鳩神社がある。

奈良自転車道を歩いていくと田畑の向こうに**❹法輪寺**の三重塔が見えてくる。国宝だったが昭和19年に焼失、昭和50年に宮大工・西岡常一棟梁のもと、当初の姿に再建された。西へ進むと**❺法起寺**で、現存する日本最古の三重塔が法隆寺の建造物とともに世界遺産に登録されている。

のどかな道を南下し、広々とした**❻史跡・中宮寺跡**へ。飛鳥時代の塔と金堂の基壇を復元、斑鳩三塔が同時に見える場所に東屋がある。信号で右折して法隆寺方面に戻り、道標に従いながら**法隆寺駅**に戻る。

Data

●斑鳩文化財センター ☎0745-70-1200、9〜17時、水曜休(祝日の場合は開館)、無料(特別展は有料の場合あり)
●法隆寺 ☎0745-75-2555、8〜17時(11/4〜2/21は〜16時30分)、1500円(西院伽藍内、大宝蔵院、東院伽藍内共通)
●中宮寺 ☎0745-75-2106、9時〜16時30分(10/1〜3/20は〜16時)、600円
●法輪寺 ☎0745-75-2686、8〜17時(12〜2月は〜16時30分)、500円
●法起寺 ☎0745-75-5559、8時30分〜17時(11/4〜2/21は〜16時30分)、300円

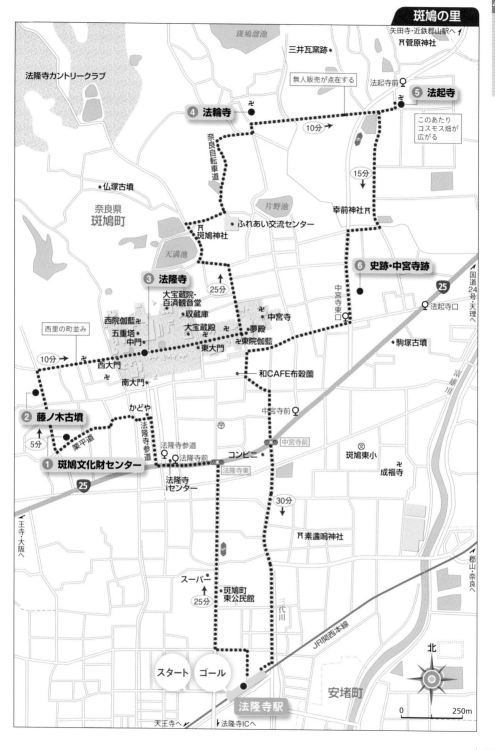

斑鳩の里

矢田寺・近鉄郡山駅へ
卍 菅原神社
三井瓦窯跡
無人販売が点在する
法起寺前 Q
5 法起寺
このあたり
コスモス畑が
広がる
法隆寺カントリークラブ
4 法輪寺 卍
10分 →
奈良自転車道
15分
↓
仏塚古墳
奈良県
斑鳩町
片野池
幸前神社 卍
卍 斑鳩神社
ふれあい交流センター
斑鳩神社
天満池
25分
国道24号・天理へ
6 史跡・中宮寺跡
25
3 法隆寺
大宝蔵院・
百済観音堂
収蔵庫
西院伽藍 卍
五重塔・
中門
大宝蔵殿 卍
中宮寺
夢殿
東院伽藍
法起寺口 Q
中宮寺東口
駒塚古墳
西里の町並み
10分 →
東大門
卍
西大門
和CAFE布穀園
卍 南大門
かどや
富雄川
高雄川
2 藤ノ木古墳
5分
棠平道
法隆寺参道
法隆寺参道
法隆寺前
法隆寺前 Q
中宮寺前 Q
コンビニ
斑鳩東小
1 斑鳩文化財センター
法隆寺iセンター
法隆寺東
中宮寺前
成福寺
25
30分
卍 素盞嗚神社
王寺・大阪へ
郡山・奈良へ
スーパー
25分
斑鳩町
東公民館
三代川
JR関西本線
スタート ゴール
法隆寺駅
北
安堵町
0 250m
天王寺へ
法隆寺ICへ

堅田 ^{かたた} （滋賀）

琵琶湖を支配した湖族の本拠地
近江八景で知られる絶景を訪ねる

▲阿弥陀仏一千体を安置する満月寺の浮御堂

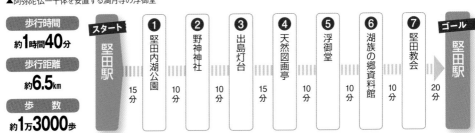

歩行時間
約1時間40分

歩行距離
約6.5km

歩数
約1万3000歩

スタート 堅田駅
― 15分 →
❶ 堅田内湖公園
― 10分 →
❷ 野神神社
― 10分 →
❸ 出島灯台
― 15分 →
❹ 天然図画亭
― 10分 →
❺ 浮御堂
― 10分 →
❻ 湖族の郷資料館
― 10分 →
❼ 堅田教会
― 20分 →
ゴール 堅田駅

🚃 アクセス

行き：大阪駅→JR東海道本線・湖西線新快速→堅田駅（49分）
帰り：往路を戻る
＊京都駅からは湖西線で24分（新快速は19分）

問い合わせ先

堅田観光協会
☎077-572-0425
堅田駅前観光案内所
☎077-573-1000

🏠 駅周辺情報

堅田駅の周辺には大型ショッピングセンターやコンビニ、飲食店などあるが、内湖大橋を渡って以降はほとんどない。食事は先に済ませるか、帰りの国道161号沿いでとるのがおすすめ。

▲自治都市堅田の本拠地だった伊豆神社

▲琵琶湖を借景とした天然図画亭　　　　　▲木造の出島灯台　　▲堅田教会

　堅田駅前に「湖族の郷」のモニュメントがある。中世に琵琶湖を独占支配して栄えた湖族は堅田衆ともよばれ、自治都市を築いた。豊かな資金力で建立された寺社が点在する町を巡り、湖畔の絶景を目指す。

　駅前の大通りを歩き、淡水真珠を養殖している内湖の橋を渡ると左手に**❶堅田内湖公園**がある。のどかな道を歩き、悲運の武将・新田義貞の妻である勾当内侍を祀る**❷野神神社**へ。右折して伊豆神田神社を過ぎ、泉福寺手前の路地を入ってゆくと、目の前に琵琶湖が開ける。湖上関跡に立つ**❸出島灯台**は明治8年（1875）に建てられたもの。ここから琵琶湖大橋が間近に見える。

　古い民家の合間に琵琶湖が見え隠れする様を楽しみながら歩いてゆくと、堅田の殿原衆党首だった居初家の屋敷がある。湖東を借景とした庭園は国指定名勝。茅葺入母屋造の茶室**❹天然図画亭**の縁側に座り、庭の向こうに広がる琵琶湖と対岸の三上山の絵のような景色を眺めたい（要予約）。

　この地を好んだ文人たちの碑を巡るのも、堅田を歩く楽しみの一つ。『絹と明察』の一

節が刻まれた三島由紀夫の文学碑を見て港橋を渡り、湖岸に出る。遊歩道を歩いていくと、広重の近江八景「堅田落雁」で知られる絶景、満月寺の**❺浮御堂**が近づいてくる。境内には芭蕉の句碑「鎖あけて　月さし入れよ　浮御堂」が立っている。

　周辺の路地を歩き、寺を巡る。伊豆神社は堅田大宮ともよばれ、堅田衆が「宮座」を組織し団結したという。一休が22歳から十余年修行に励んだ祥瑞寺、堅田源兵衛親子の像がある光徳寺、芭蕉の高弟・千那が住職だった本福寺を経て、**❻湖族の郷資料館**に立ち寄る。歩き疲れたら堅田雄琴湖岸公園で休憩するのもよい。帰りはヴォーリズの設計で1930年に建てられた**❼堅田教会**の前を通り、**堅田駅**へと向かう。

Data

●**天然図画亭**　☎077-572-0708、9時～11時30分、13時～16時30分、不定休、500円（要予約）
●**浮御堂（満月寺）**　☎077-572-0455、8～17時、300円
●**湖族の郷資料館**　☎077-574-1685、10～16時、水曜休、200円
●**祥瑞寺**　☎077-572-2171、9時～16時30分、本堂・開山堂は400円（拝観要予約）

立ち寄り **SPOT**

⊞ 金時堂

きんときどう

大正12年創業の老舗和菓子店。らくがん作りは堅田から始まったといわれ、近江八景・堅田落雁にちなんだ「堅田らくがん」が名物。色鮮やかならくがんに浮御堂が美しく浮き上がり、和三盆のやわらかな甘みが口の中に広がってゆく。12月〜5月初旬のいちご大福も人気。

☎077-572-0061、9〜19時、火曜・日曜の午後休

⊞ 魚富商店

うおとみしょうてん

浮御堂の前にある創業昭和5年の魚富商店は、湖魚の佃煮が評判。旬の湖魚を水揚げから1時間以内に炊き始めるという。醤油炊きで味付けされたアユやエビはやわらかくて香ばしく、ご飯がいくらでもすすむおいしさ。期間限定の夏のウナギ、冬のふなずしなども人気だ。

☎0120-105-292、9〜17時、木曜休

堅　田

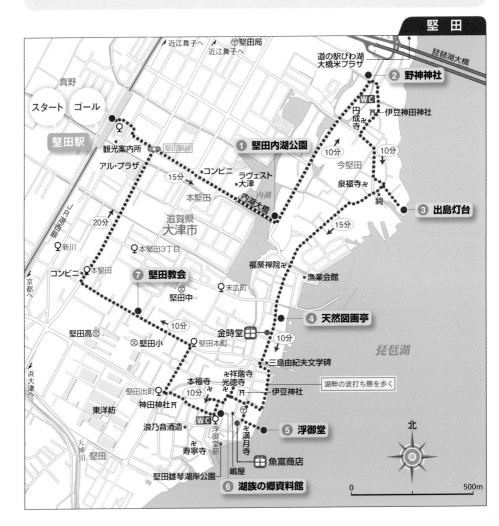

44 JR湖西線

マキノ駅
まきの
MAKINO
◀　　▶

うみべのみち
湖の辺の道 （滋賀）

湖岸の道沿いに海津大崎から奥琵琶湖へ
桜の季節以外はウォーキングの穴場

▲マキノ湖のテラスから海津へ。湖畔沿いに快適な道が続く

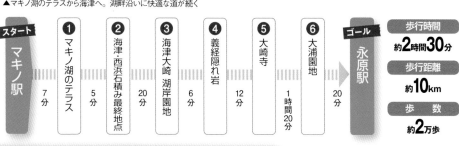

スタート
マキノ駅

① マキノ湖のテラス　7分

② 海津・西浜石積み最終地点　5分

③ 海津大崎 湖岸園地　20分

④ 義経隠れ岩　6分

⑤ 大崎寺　12分

⑥ 大浦園地　1時間20分

ゴール
永原駅　20分

歩行時間
約2時間30分

歩行距離
約10km

歩　数
約2万歩

アクセス

行き：大阪駅→JR東海道本線・湖西線新快速→マキノ駅（1時間35分）
帰り：永原駅→JR湖西線・東海道本線新快速→大阪駅（1時間38分）

問い合わせ先

びわ湖高島観光協会
☎0740-33-7101
長浜観光協会
☎0749-65-6521

駅周辺情報

マキノ駅周辺では浜辺に奥琵琶湖マキノグランドパークホテルがあり、食事や喫茶もできる。コンビニもある。永原駅構内にはコミュニティハウス kotiがある。

165

▲海津の町には独特の石積みが連なる

▲旧街道の面影を色濃く残す海津の町並み

▲大崎寺からの竹生島の眺めは一幅の絵のよう

▲義経隠れ岩。義経は平泉逃亡の際ここを通った

▲大浦地区は古くから「丸子船の郷」とよばれる

　関西でウォーキングを思い切り楽しめる場所といったら、真っ先に名前が挙るのは琵琶湖。全長235km、湖南・湖西・湖北・湖東とそれぞれに特徴があるので、行楽を兼ねることもできる。また、琵琶湖一周の完全踏破も可能である。その中から、湖北の海津大崎を中心とした「湖の辺の道」を歩く。

　マキノ駅からまっすぐ湖に向かって歩くと、高木浜に立つ**❶マキノ湖のテラス**に行き当たる。ここから浜辺ウォークのスタートだ。行く手の湖岸には海津の石積みが見えてきて**❷海津・西浜石積み最終地点**に出る。石積みは風浪から家を守るためのもので、延々1.2kmに渡って続く。海津は古くから京と北陸を結ぶ湖上交通の要衝として栄え、徳川幕府の直轄地でもあった。小さな宿場町だが、今も古い寺社と造り酒屋や湖魚の老舗などが調和して独特の風情を醸し出している。

　❸海津大崎 湖岸園地から海津大崎へと歩を進める。春は約4kmにわたって桜のトンネルになる場所だ。湖畔の快適な遊歩道を行くと、**❹義経隠れ岩**という奇岩がある。源義経が大津から北陸に落ち延びた際、この道を通ったと伝わっている。やがて車道への石段を上がると**❺大崎寺**。断崖の上に立っているので、琵琶湖と竹生島の眺めがすばらしい。

　大崎寺からは海津大崎キャンプ場を経て、再び湖の辺の道を西浅井町の大浦へと向かう。何があるわけではないが、ゆっくり湖畔の道を楽しみたい。道は途切れている箇所や、少し荒れている場所もあるので車道の方が歩きやすいかもしれない。歩道は狭いが、桜の時期を除けば車の往来もそう多くない。ただし、飲食店はなく自販機もあまりないので、食べ物と飲み物は必ず用意しておきたい。入り組んだ小さな入江の付け根に位置する**❻大浦園地**は、群青色の湖面が印象的で、いかにも奥琵琶湖といった雰囲気だ。ここから大浦川に沿って約1km歩けば**永原駅**。

▲海津大崎は桜の見頃を外せばウォーキングに最適

立ち寄り S P O T

魚治
うおじ

天明4年（1784）に海津で創業した老舗。名物の鮒ずしをはじめ、稚アユやモロコなど穫れたての湖魚を地元の醤油で丁寧に煮て、木の芽煮、飴煮、旨煮、南蛮漬など奥琵琶湖の旬の味を伝え続けている。海津のみやげに喜ばれる。JRマキノ駅前にも店舗がある。
☎0740-28-1011、9～18時、火曜休

みつとし本舗
みつとしほんぽ

名物なんてとてもなさそうに思える大浦で見つけた掘り出し物。店は築140年以上という古民家。売られている商品はなんと、「丸子船」というピーナッツせんべいただ一品。なぜ？と思うが、独特の風味と食感は一度食べたらヤミツキになるおいしさ。
☎0749-89-0191、8～18時、不定休

湖の辺の道

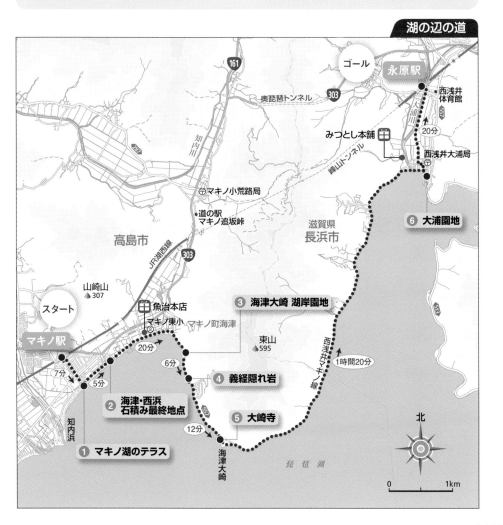

五箇荘駅
ごかしょう
GOKASHO
◀ ▶

五個荘
ご か しょう
（滋賀）

白壁と黒板塀が続く重伝建の町
近江商人屋敷を巡る

▲なまこ壁の蔵が印象的な金堂のあきんど通り周辺

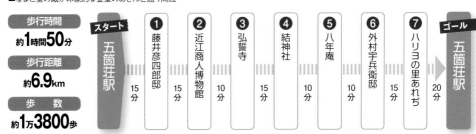

歩行時間
約**1時間50分**

歩行距離
約**6.9**km

歩　数
約**1万3800**歩

スタート 五箇荘駅
— 15分 —
❶ 藤井彦四郎邸
— 15分 —
❷ 近江商人博物館
— 10分 —
❸ 弘誓寺
— 15分 —
❹ 結神社
— 10分 —
❺ 八年庵
— 10分 —
❻ 外村宇兵衛邸
— 15分 —
❼ ハリヨの里あれぢ
— 20分 —
ゴール 五箇荘駅

アクセス
行き：大阪駅→JR東海道本線新快速→近江八幡駅→近江鉄道八日市線・近江本線→五箇荘駅（1時間29分）　**帰り**：往路を戻る
＊五箇荘駅から近江鉄道で彦根駅へ行く場合は27分

問い合わせ先
東近江市観光協会
☎0748-29-3920

駅周辺情報
五箇荘駅は無人駅で、飲み物の自動販売機とトイレがあるが、周辺に店はない。コンビニや飲食店は国道8号沿いにある。

▲藤井彦四郎邸に立つ近江商人の像

▲錦鯉が泳ぐ寺前・鯉通り沿いにある弘誓寺

▲近江商人屋敷が集まる金堂

▲近江商人博物館は中路融人記念館併設

▲縁結びにご利益があるといわれる結神社

▲中庭を望む作家・外村繁の書斎

　江戸後期に天秤棒を担いで全国を行商した近江商人は、豪商となって故郷に立派な本宅を築いた。蔵や屋敷が残る金堂の町並みは国の重要伝統的建造物群保存地区に選定され、映画やドラマのロケ地によく使われている。歩行距離は長くないが、みどころの多いコースなので、所要時間を多めに考えて出発しよう。

　ローカル電車を乗り継ぎ、無人の**五箇荘駅**に降り立つ頃には、ちょっとした旅気分。住宅街を抜けて国道8号を渡ると、繖山を背景に田園風景が広がる。最初に見学する近江商人屋敷は、スキー毛糸の製造販売で成功した**❶藤井彦四郎邸**。広大な敷地に屋敷や洋館が立ち、琵琶湖を模した池を中心とした大庭園がある。ここで5館共通入館券を買い、観光マップをもらおう。

　書の文化と歴史を紹介する博物館・観峰館を過ぎ、てんびんの里文化学習センター3階にある**❷近江商人博**

▲外村宇兵衛邸の水路を引き込んだ川戸

物館へ。近江商人の歴史や文化を展示や映像で紹介している。道標に従って右折すると、樹齢数百年の杉が茂る鎮守の森に囲まれた大城神社がある。その先で水路に鯉が泳ぐ寺前・鯉通りを左折すると**❸弘誓寺**。国の重要文化財である本堂の堂々たる大屋根には、約4万5000枚の瓦が使われている。

　直進して川並の町並みに入り、繖山の麓にある**❹結神社**へ向かう。長い参道に石灯籠が整然と並ぶ境内には、観音正寺への裏参道の入口もある。ここで折り返し、福應寺を過ぎて**❺八年庵**へ。近江商人・塚本源三郎の築200年以上の屋敷と記念館で、喫茶スペースも併設している。観光案内所を

Data

●てんびんの里五個荘　3館共通入館券、850円（藤井彦四郎邸☎0748-48-2602、近江商人博物館☎0748-48-7101、外村宇兵衛邸☎0748-48-5557、外村繁邸☎0748-48-5676、中江準五郎邸☎0748-48-3399）、全館9時30分〜16時30分（博物館のみ〜17時）、月曜（祝日を除く）・祝日の翌日休
●観峰館　☎0748-48-4141、9時30分〜17時、月曜休（祝日の場合は翌日）、500円、特別展は別料金
●八年庵　☎0748-48-2009、9時30分〜17時、不定休、500円
●金堂まちなみ保存交流館　☎050-5801-7101、10時30分〜16時30分、月・火曜・祝日の翌日休、無料

▲中江準五郎邸の2階の窓から蔵を望む

過ぎて金堂の中心に入ると、金堂まちなみ保存交流館がある。戦前、アジアで約20店の百貨店を経営した中江家4兄弟の三男・富十郎の邸宅で、観光案内やみやげ物の販売などをしている。その先の勝徳寺には陣屋の長屋門が移築されている。

　花筵通りには金堂を代表する3つの近江商人屋敷が立ち並んでいる。明治の全国長者番付に名を連ねた❻**外村宇兵衛邸**（とのむらうへえてい）は近江商人の伝統家屋博物館として、商売道具や生

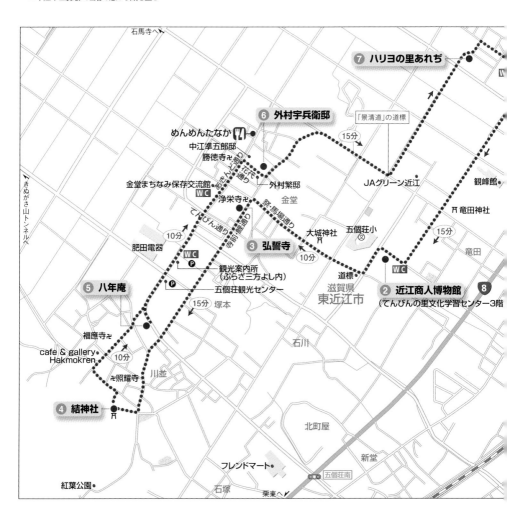

活用品など数多く展示している。近江商人を題材にした作品を多く残した作家の生家である「外村繁邸」の蔵は、文学資料館になっている。両邸には水路の水を引きこんだ川戸（かわと）と呼ばれる洗い場も残っている。中江家四男の「中江準五郎邸」の蔵には、郷土玩具の小幡人形が展示されている。どの屋敷も2階から見事な庭園や白壁の蔵などが見渡せ、窓辺に座ってゆっくり眺めていたくなる。閉館時間が早めなので、時間に余裕を持って訪れたい。

金堂の町並みを抜け、田園の用水路沿いの道を歩く。初夏は黄金色の麦畑と緑の田んぼが美しい。絶滅危惧種の淡水魚・ハリヨの保護池**❼ハリヨの里あれぢ**で右に折れ、来た道を**五箇荘駅（ごかしょうえき）**へ戻ってゆく。

▲外村宇兵衛邸の白壁と黒板塀のコントラストが美しい

立ち寄り SPOT

🍴 めんめんたなか

めんめんたなか

葺葺屋根で風情漂う庭がある築200年以上の農家屋敷を活用した店。広い畳の座敷で、手打ちのうどんとそばの両方を味わえる。だしのきいたかやくご飯もおいしい。本日の定食が地元の人にも人気がある。
☎0748-48-7338、11～18時頃（日曜は～15時）、月曜・祝日の翌日休

🏠 冨来郁

ふくいく

創業明治5年（1873）の和菓子店。一口サイズの薯蕷まんじゅう「五個えくぼ」や、近江米と丹波の山芋を使った薄皮饅頭の「冨来小判」がおすすめ。抹茶・珈琲・小倉あん・金時芋の生大福も人気がある。みやげ店の少ない五個荘で貴重な店だ。
☎0748-48-2919、8～18時、水曜休

五個荘（地図）

彦根へ　彦根へ
🏠 冨来郁
五位田
20分
歩道橋を渡る
宮荘
❶ 藤井彦四郎邸
宮荘
● コメダ珈琲店
近江鉄道湖東近江路線
小幡
15分
● ラーメン屋
● コンビニ
五箇荘駅
ゴール　スタート
東近江市役所支所
中央公園
五個荘中
五個荘体育館
東海道新幹線
大同川
三俣

北

0　　250m

八日市へ

安土城跡
あづちじょうせき

滋賀

山上の天守台まで石垣が続く城跡
織田信長の夢の跡を追って

▲安土城跡の摠見寺本堂跡からは西の湖方面の眺望がひらける

歩行時間	約2時間15分
歩行距離	約8km
歩　数	約1万8000歩

スタート　安土駅 → ①セミナリヨ跡伝承地　20分 → ②新宮大社　5分 → ③安土城跡・大手口　10分 → ④天守台跡　30分 → ⑤摠見寺本堂跡　10分 → ⑥安土城天主 信長の館　30分 → ゴール　安土駅　30分

アクセス
行き：大阪駅→JR東海道本線新快速→野洲駅→JR東海道本線快速→安土駅(1時間10分)
帰り：往路を戻る

問い合わせ先
安土駅前観光案内所
☎0748-46-4234

駅周辺情報
安土駅の1階に観光案内所がある。周辺に食事処は少ない。

▲安土駅前には織田信長像が

▲新宮大社の拝殿に竹相撲の絵馬がかかる

▲田園風景の前方左が安土城考古博物館

▲セミナリヨ跡伝承地は当時の神学校跡

▲安土城跡は急な石段を登るので滑りにくい靴で

▲安土城天主 信長の館（右）

安土駅の北口を出ると、織田信長像が迎えてくれる。信長ゆかりの史跡を目指し、北へ歩きはじめる。東町ぼうや地蔵バス停を右折して**❶セミナリヨ跡伝承地**へ。信長の庇護を受けた宣教師オルガンチノが建てた日本初のキリシタン神学校の跡が公園になっている。県道2号を越えると、茅葺きで土間の拝殿がある**❷新宮大社**。信長が行わせた「竹相撲」発祥の地と伝わる。

北上して石橋を渡ると城跡の百々橋口だが、ここからは入れないので右折して**❸安土城跡・大手口**へ向かう。大手道の長い石段を登り、壮大な石垣の中を標高198mの山上に残る**❹天守台跡**へ。5層7階の絢爛豪華な安土城は天正10年（1582）、天主完成からわずか3年で焼失した「幻の名城」だ。

復路は摠見寺跡へ下っていく。**❺**

▲安土城跡の大手道から振り返る

摠見寺本堂跡から

は西の湖の眺望がよく、近くに重要文化財の三重塔と二王門が立っている。長い石段を下り、左折して大手口に戻る。

案内板に従って田園が広がるのどかな道を歩き、安土城考古博物館へ。弥生・古墳時代、安土城や信長などに関する展示をしている。南側にある**❻安土城天主 信長の館**では、安土城天主の5・6階部分の原寸復元や、安土城と城下町のバーチャルリアリティ映像などが見られる。

田園風景の道を歩いて**安土駅**へ戻る。時間と体力があれば繖山の中腹にある桑實寺まで登ったり、駅の南方面にある信長が創建した浄厳院や、楼門が茅葺きの沙沙貴神社を訪れるのもよい。

Data

- ●安土城跡 ☎0748-46-4234（安土駅前観光案内所）、9〜16時（季節により変動）、入山料700円
- ●安土城考古博物館 ☎0748-46-2424、9〜17時、月曜休（祝日の場合は翌日）、500円（企画展中は600円）。信長の館との共通券900円（企画展中は980円）
- ●安土城天主 信長の館 ☎0748-46-6512、9〜17時、月曜休（祝休日の場合は翌日）、610円

46
安土城跡

173

安土城郭資料館

あづちじょうかくしりょうかん

外観5層内部7階の安土城のひな形が、実物の20分の1の大きさで内部まで精巧に再現されている。また、安土城屏風絵をローマまで届ける天正少年使節の行程を36曲の屏風絵風陶板に表した壁画は圧巻だ。駅の南側にある。

☎0748-46-5616、9〜17時、月曜休（祝日の場合は翌日）、200円

万吾樓

まんごろう

駅前にある明治43年創業の和菓子の老舗。代表する銘菓は2色餡入りの手作り最中「まけずの鍔」。桶狭間の戦いで信長に勝利をもたらした愛刀の鉄鍔をかたどった縁起のいいお菓子。6個入り1280円。「信長軍パイ」やでっち羊かんの「安土問答」なども人気。

☎0748-46-2039、8時30分〜18時30分、火曜休

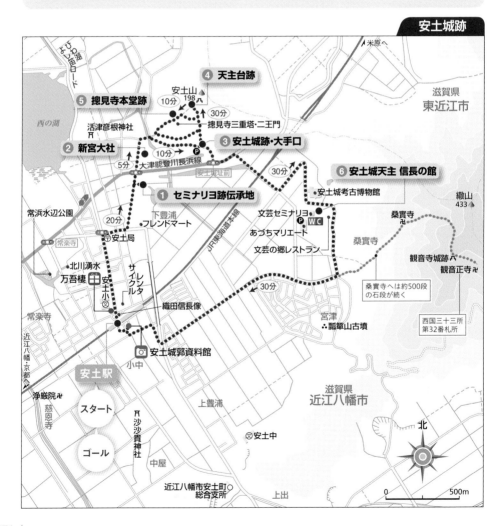

安土城跡

47
JR東海道本線

彦根駅
ひこね
HIKONE
◀ ▶

彦根 （滋賀）
ひ こ ね

琵琶湖畔にそびえる天下の名城、彦根城
江戸風情を留める城下町を歩く

▲国宝の彦根城天守から城下町を見下ろす。春は約1100本の桜が咲き、花見客で賑わう

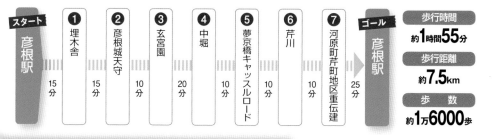

スタート 彦根駅	❶ 埋木舎	❷ 彦根城天守	❸ 玄宮園	❹ 中堀	❺ 夢京橋キャッスルロード	❻ 芹川	❼ 河原町芹町地区重伝建	ゴール 彦根駅
	15分	15分	10分	20分	10分	10分	10分	25分

歩行時間
約1時間55分

歩行距離
約7.5km

歩　数
約1万6000歩

アクセス

行き：大阪駅→JR東海道本線新快速→彦根駅
（1時間18分）
帰り：往路を戻る ＊河原町芹町地区重伝建
の近くの近江鉄道ひこね芹川駅から彦根駅に
戻ってもよい（本数は少ない）

問い合わせ先

彦根観光協会
☎0749-23-0001
彦根市観光案内所
☎0749-22-2954

駅周辺情報

彦根駅の1階に彦根市観光案内所がある。
周辺は飲食店やスーパー、コンビニなど充
実している。また、近江鉄道も発着してい
る。

▲埋木舎で直弼は文武の修練に励んだ

▲天秤櫓には鐘の丸から廊下橋がかかる

▲店が並ぶ夢京橋キャッスルロード

▲多聞櫓が立つ佐和口から城郭へ入る

▲玄宮園から見上げる彦根城も美しい

▲重伝建の河原町芹町地区

　井伊家三十五万石の城下町の風情を今に伝える彦根。春は城内や堀沿いに約1100本の桜が咲き誇る。天守に上り、江戸の町並みを再現した賑やかな通りから、重伝建の古い町並みまで足を延ばそう。

　彦根駅（ひこねえき）を出ると井伊直政の勇ましい騎馬像が立っている。駅前お城通りを歩いて城に向かい、中堀沿いのいろは松の並木を通る。城郭に入る手前で右折すると、徳川幕府の大老・井伊直弼（なおすけ）が17〜32歳までの15年間を過ごした❶埋木舎（うもれぎのや）がある。

　佐和口多聞櫓を眺めながら中堀を渡り、城郭の内部へ。内堀にかかる表門橋を渡ると、彦根城博物館と城への入口がある。石段を登り、天秤櫓、太鼓門櫓と過ぎて、❷彦根城天守（ひこねじょうてんしゅ）へ。石垣の上に立つ白亜三層の天守は小ぶりながら優雅で美しく、まさに国宝。内部見学は手すりを持たないと上り下りできないほどの急で狭い階段があるが、最上階からの眺めは城下町と琵琶湖の大パノラマが広がる。天守の北西側にある西の丸三重櫓を見てから石段を下り、❸玄宮園（げんきゅうえん）へ向かう。趣のある大名庭園で、池の向こうに天守を仰ぎ見るビューポイントでもある。玄宮園の前から内堀を遊覧する屋形船が運航している。

　内堀沿いを歩いて大手門を過ぎ、❹中堀（なかぼり）沿いを歩く。城跡の大きさに改めて驚きつつ、和風教会堂のスミス記念堂も見逃さないように。江戸時代の町並みを再現した❺夢京橋キャッスルロード（ゆめきょうばし）はみやげ物店や食事処が軒を連ね、観光客で賑わっている。大正ロマン漂う四番町スクエアも観光客向けの店が集まっており、このあたりで引き返して駅へ戻る人が多いが、直進して❻芹川（せりがわ）へ向かう。川沿いの樹齢400年を超えるケヤキ並木を歩き、芹橋交差点で左折、銀座町交差点から❼河原町芹町地区重伝建（かわらまちせりまちちくじゅうでんけん）に入る。城下町の地割りや、江戸から昭和前期に建てられた町家が残り、平成28年に重要伝統的建造物群保存地区に選定された。

　前方に石田三成の城があった佐和山を眺めながら線路沿いを歩き、彦根駅（ひこねえき）に戻る。

Data

●埋木舎　☎0749-23-5268、9〜17時、月曜(祝日の場合は翌日)・12/20〜2月末頃、300円
●彦根城・玄宮園　☎0749-22-2742(彦根城運営管理センター)、8時30分〜17時、共通券800円(玄宮園のみ200円)

立ち寄り **SPOT**

🎁 いと重菓舗

いとしげかほ

文化6年（1809）創業、彦根藩御用達の和菓子の老舗。創業以来の菓子「益寿糖」で餡を包んだのが、現在の代表的銘菓「埋れ木」。手芒豆の白餡を求肥で包み、抹茶を加えた和三盆をまぶしてあり、見た目も味もじつに風雅だ。6個入り864円〜。

☎0749-22-6003、8時30分〜18時、火曜休

📷 彦根城博物館

ひこねじょうはくぶつかん

彦根藩庁として建っていた表御殿を復元した博物館。藩主井伊家伝来の約4万5千点もの美術工芸品や古文書などを収蔵し、井伊の赤備えの甲冑や刀剣、能装束など見応えがある。江戸時代に建てられた能舞台が移築復元されている。

☎0749-22-6100、8時30分〜17時、年に数回休館日あり、500円（彦根城・玄宮園との共通券1200円）

彦根

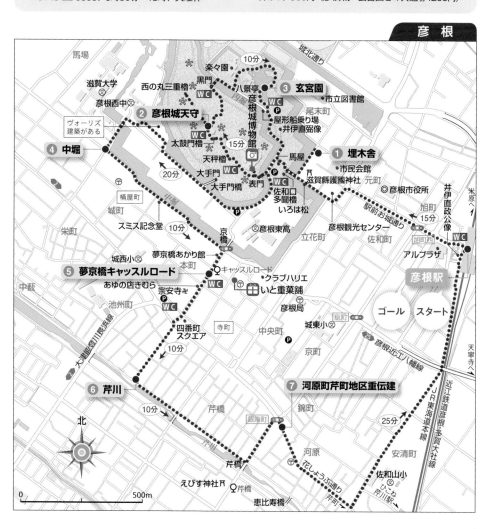

信楽 (滋賀)

しがらき

日本六古窯の一つ信楽焼の里へ
ろくろ坂・ひいろ壺坂・窯場坂と窯元散策

▲連房式で11室ある登り窯の丸又窯跡。滋賀県の史跡、経済産業省の近代化産業遺産に認定されている

歩行時間									
約1時間30分									
歩行距離									
約6km									
歩 数									
約1万2000歩									

スタート 信楽駅		❶信楽伝統産業会館		❷新宮神社		❸シクヤ製陶所		❹信楽焼窯跡群・丸又窯跡		❺窯場坂休憩所		❻明山窯		❼陶芸の森(陶芸館)		ゴール 信楽駅
	2分		5分		10分		5分		5分		3分		35分		25分	

アクセス

行き:大阪駅→JR東海道本線新快速→草津駅
→JR草津線→貴生川駅→信楽高原鉄道→信
楽駅(約1時間50分)
帰り:往路を戻る

問い合わせ先

信楽町観光協会
☎0748-82-2345

駅周辺情報

信楽駅構内に売店があり、周辺にもコンビ
ニや飲食店が数軒あるが、窯元散策路に入
ると休憩どころは少ない。

▲信楽高原鉄道はJR草津線の貴生川とを結ぶ

▲ホームではいきなり大勢のタヌキがお出迎え

▲新宮神社には太鼓の上に鶏が乗っている焼物も

▲窯元散策路「ひいろ壺坂」の海のタイル絵付近

▲カエルたちが出迎えてくれるシクヤ製陶所

▲窯場坂のますみ窯には黒酢用の黒い壺が並ぶ

　信楽へは、風光明媚な山あいを走行する信楽高原鉄道に乗ること24分。途中、奈良時代に聖武天皇が営んだ紫香楽宮跡駅を過ぎ、天平ロマンに思いを馳せつつ終点の信楽駅へ。ホームには、信楽焼のタヌキが並べ置かれ、旅人を出迎えてくれる。

　どこか昔懐かしい信楽駅を出て、正面の伝産大通りを行くと、信楽焼の店が軒を連ね、おびただしい数のタヌキが店先に並んでいる。大戸川を渡った右手に❶信楽伝統産業会館がある。鎌倉時代から連綿と続く信楽焼の変遷がたどれる。信楽といえばタヌキの置物というイメージだが、主製品は壺、甕、すり鉢といった生活の道具を焼成していた。ちなみにタヌキが定着したのは、昭和26年の昭和天皇行幸の時のこと。沿道に並んで歓待するタヌキの姿を歌に詠まれたことから一躍有名になったそうだ。まずは伝産館で情報収集して、いざ窯元散策へ。

　伝産大通りの正面に❷新宮神社が見える。霊亀元年（715）創建の紫香楽一宮である。狛犬も陶製ならば、境内にある太鼓と鶏の

モニュメントも信楽焼である。ここから、「ひいろ壺坂」「窯場坂」「ろくろ坂」と、3つの坂からなる窯元散策路をゆく。道標に従い、商店街の陶美通りから滋賀銀行の角を右折する。そこから先がひいろ壺坂である。それぞれの坂道には信楽焼の敷石がはまっていて、それをたどれば、まず道に迷うことはない。

　のどかな山里の景色の中に、20軒余りの窯元が点在する。まったく観光地化されておらず、窯元の方々は仕事中ゆえに、見学には予約が必要な陶房もある。ひいろ壺坂の途中で左折し、坂を下っていくと、カエ

▲窯場坂の途中から信楽の里を見渡す

▲窯元が並ぶ窯場坂散策路

▲休憩所近くに相撲取りオブジェ!?

◀ろくろ坂散策コースにふらっと現れた巨大狸

▲登り窯の横にカフェを併設する明山窯

ル専門の**❸シクヤ製陶所**が見える。道なりに右手に進むと陶製の道標があり、窯場坂へと続いていく。道端に無造作に置かれている黒酢用の壺などを見つつ、左手に**❹信楽焼窯跡群・丸又窯跡**を発見。11室ある連房式の登り窯で、昔、各家庭にあった火鉢を焼成していた。近代化産業遺産に認定されている。

窯場坂とひいろ壺坂が交わるところに**❺**窯場坂休憩所がある。そこからさらに坂を上り、ろくろ坂との分岐点に、**❻明山窯**の登り窯がある。田舎家風の工房内に、カフェとギャラリーogamaが併設されている。

ろくろ坂を下り、沿道の軒先にたたずむ大タヌキを愛でつつ、浄土宗の浄観寺を過ぎ、再び新宮神社に出る。鳥居前の道を左手に進み、窯元や古美術店に立ち寄りながら、近江グリーンロードに合流し、その先にある**❼陶芸の森（陶芸館）**へ。陶芸専門の美術館は丘の上にある。帰路は、甲賀市コミュニティバスに乗るもよし、近江グリーンロードをまっすぐ戻れば**信楽駅**に着く。

Data
●甲賀市信楽伝統産業会館　☎0748-82-2345、9〜17時、木曜休（祝日の場合は翌日）、無料
●新宮神社　☎0748-82-0078、境内自由

立ち寄り S P O T

📷 滋賀県立陶芸の森
しがけんりつとうげいのもり

国内外の現代陶芸から古陶器、滋賀のやきものまで陶芸専門の美術館をはじめ、世界各国の陶芸家が制作に取り組む創作研修館やワークショップ、しがらき焼きショップ、レストランなどが併設された、開放感あふれる緑ゆたかな複合施設。☎0748-83-0909、9時30分〜17時、月曜休（祝日の場合は翌日）

🏠🍴 Ogama
おおがま

登り窯が目じるしの明山窯のアンテナショップ。田舎家の風情ある店内はカフェスペースになっていて、土の温もりがある素敵な器で一服。明山窯の作品や信楽在住の作家ものもギャラリーに展示販売。陶芸教室も併設されている。☎0748-82-8066、10時〜16時30分、水・木曜休（祝日の場合は営業）

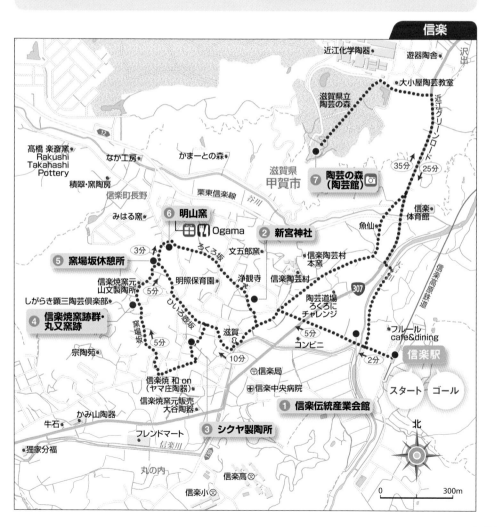

信楽

近江化学陶器
遊器陶舎
沢出
大小屋陶芸教室
近江グリーンロード
滋賀県立陶芸の森
35分　25分

髙橋 楽斎窯
Rakushi Takahashi Pottery
積翠・窯陶房
信楽町長野
なか工房
かまーとの森
滋賀県甲賀市
栗東信楽線
谷川
⑦ 陶芸の森（陶芸館）📷
信楽・体育館
魚仙

みはる窯
⑥ 明山窯
🏠🍴 Ogama
ろくろ坂
文五郎窯
② 新宮神社
3分

⑤ 窯場坂休憩所
明照保育園
浄観寺
信楽陶芸村本窯
信楽陶芸村

信楽焼窯元山文製陶所
5分
ひいろ坂坂
陶芸道場ろくろにチャレンジ
307

しがらき顕三陶芸倶楽部
④ 信楽焼窯跡群・丸又窯跡
窯場坂
5分
滋賀
コンビニ
5分
フルールcafe&dining

宗陶苑
10分
2分
信楽駅

信楽焼 和 on（ヤマ庄陶器）
信楽局
信楽中央病院
スタート・ゴール

かみ山陶器
信楽焼窯元販売大谷陶器
① 信楽伝統産業会館
北

牛石
フレンドマート
③ シクヤ製陶所

狸家分福
信楽川
丸の内
信楽高
0　　300m

信楽小

旧東海道

きゅうとうかいどう

滋賀

草津駅
くさつ
KUSATSU
◀ ▶

東海道と中山道の分岐点草津宿から
瀬田の唐橋を渡って大津膳所へ

▲昔の遺構をそのまま残す草津宿本陣は貴重な建物。歴史上の有名人が数多く宿泊した記録も残る

歩行時間	スタート	❶	❷	❸	❹	❺	❻	❼	ゴール
3時間	草津駅	草津宿本陣	野路一里塚跡	弁天池	一里山一里塚跡	瀬田の唐橋	膳所城跡	芭蕉墓（義仲寺）	膳所駅
歩行距離		10分	25分	25分	15分	25分	35分	25分	10分
約12km									
歩 数									
2万4000歩									

アクセス

行き：大阪駅→JR東海道本線→草津駅(52分)
帰り：膳所駅→JR東海道本線→大阪駅(48分)

問い合わせ先

草津市観光物産協会
☎077-566-3219
びわ湖大津観光協会
☎077-528-2772

駅周辺情報

草津駅周辺には百貨店や大型ショッピングモールが揃っていて、飲食店も多い。旧街道に入ると住宅街が続き、一服できる店も少ない。

▲草津宿の町並み。太田酒造の白い蔵が目を引く

▲日本橋から119番目の野路一里塚跡

▲旅人に愛されたという弁天池。今も休憩場所

▲こちらは120番目の一里山一里塚跡

▲東海道と中山道の分岐点に立つ大きな追分道標

　草津宿は東海道と中山道が出合う分岐点である。**草津駅**から駅前の商店街がすなわち中山道にあたり、見晴らしのよい草津川跡地公園を越えると、東海道と交わる追分道標がある。これより、東海道を大津宿方面へ向かって進む。

　草津宿は、本陣2、脇本陣2、旅籠72軒を擁する大きな宿場だった。ほどなく、国の史跡にも指定されている田中七左衛門本陣で、**❶草津宿本陣**として公開されている。往時の姿をそのまま留めており、現存する本陣としては最も大きい。元禄年間から明治までの宿帳には、徳川慶喜、皇女和宮、土方歳三、シーボルトなどの名も見える。

　街道筋には立ち寄りたい場所も多い。本陣の先にある草津宿街道交流館は歴史を楽しみ、学べる場所。ひときわ目を引く造り酒屋の太田酒造は、太田道灌の末裔である。

▲街道は建部大社の横を抜けて瀬戸の唐橋へ

美しい道灌蔵に立ち寄り、先に進む。

　草津宿名物といえば、北斎も広重も浮世絵に描いた「うばがもち」だ。400年余りの伝統を持つあんころ餅で、場所は移ったが今も国道1号沿いの店で営業している。

　立木神社を過ぎると黒門跡があり、そこが草津宿の出入口にあたる。矢倉橋を渡って少し行くと、瓢泉堂前に矢橋道標がある。大津へ船で行く「矢橋の渡し」への分かれ道で、広重が「草津　名物立場」を描いた「うばがもちや」は、かつてここにあった。江戸の旅人たちは、「瀬田へ廻ろうか矢橋へ下ろか此処が思案のうばがもち」と口ずさんだという。その先、矢倉南信号で国道1号線を渡ると**❷野路一里塚跡**がある。野路の玉川、**❸弁天池**を過ぎると、大津に入る。**❹一里山一里塚跡**あたりから道は複雑になるが、随所に案内板がある。

　「瀬田の唐橋　右東海道」の道標に従い行くと、壬申の乱以来、たびたび合戦の舞台

Data
●草津宿本陣　☎077-561-6636、9〜17時、月曜・祝翌日休、240円
●義仲寺　☎077-523-2811、9〜17時、月曜休(祝日を除く)※4・5・9・10・11月の月曜は開門

となった**❺瀬田の唐橋**（せた からはし）に出る。京へ向かう唯一の橋だったため、「唐橋を制する者は天下を制する」と言われた。唐橋には不思議な伝説が多く、俵藤太のムカデ退治もその一つ。瀬田川の龍神が唐橋に現れ、武勇の誉れ高い藤原秀郷（俵藤太）に大ムカデの退治を頼んだのであった。

京阪、JR線を過ぎ、しばらく行くと膳所の城下町に入る。街道を折れ曲がりながら進み、犬養寺の先の信号を右へ行くと、琵

▲広重が「瀬田の夕照」として描いた瀬田の唐橋。日本三名橋の一つ

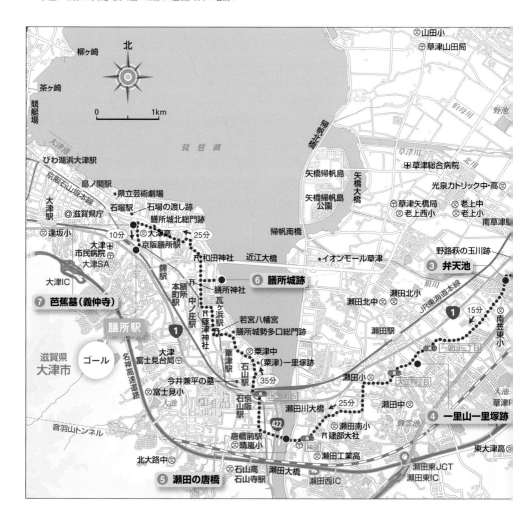

琶湖畔に❻膳所城跡がある。左折すると膳所神社で、明治維新で廃城になった膳所城の本丸大手門が移築されている。

　街道は、木曽義仲の墓所である❼芭蕉墓（義仲寺）の前を通る。ここは義仲に思いを馳せた松尾芭蕉が、生前から自らの墓所にと願った寺である。境内には芭蕉の辞世の句「旅に病んで夢は枯野をかけめぐる」をはじめ多くの句碑がみえる。義仲寺から徒歩10分で膳所駅に着く。

▲「湖上の浮城」と称えられた膳所城跡

▼義仲寺の芭蕉の墓。遺言によりここに眠る

旧東海道

立ち寄り SPOT

📷 草津宿街道交流館

くさつじゅくかいどうこうりゅうかん

在りし日の東海道と中山道の姿をわかりやすく紹介。草津宿の町並み模型や旅籠再現コーナー、浮世絵摺り体験などもあり、江戸時代の宿場の様子を知ることができる。すぐ傍にある草津宿本陣と合わせて観覧すればお得。
☎077-567-0030、9〜17時、月曜・祝日の翌日休、200円

🍴 うばがもちや本店

うばがもちやほんてん

街道の楽しみといえば茶店での一服であった。広重の浮世絵にも描かれている老舗である。地元草津の羽二重もち米を使った小ぶりのあんころ餅に、白餡と山芋の練切りがのっている。400年以上変わらぬ草津名物だ。
☎077-566-2580、9〜19時、水曜休

旧中山道
きゅうなかせんどう

岐阜・滋賀

古代から江戸時代までの史跡が残る歴史の道
美濃路から近江路への峠越えを楽しむ街道歩き

▲若宮八幡神社から望む街道風情満点の山中集落。近くには関ヶ原の戦いに出陣した大谷刑部の陣地跡が

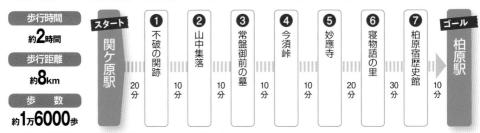

歩行時間
約2時間

歩行距離
約8km

歩数
約1万6000歩

スタート 関ケ原駅		❶ 不破の関跡		❷ 山中集落		❸ 常盤御前の墓		❹ 今須峠		❺ 妙應寺		❻ 寝物語の里		❼ 柏原宿歴史館		ゴール 柏原駅
	20分		10分		10分		10分		10分		20分		30分		10分	

アクセス

行き:大阪駅→JR東海道本線→関ケ原駅(1時間50分)
帰り:柏原駅→JR東海道本線→大阪駅(1時間43分)

問い合わせ先

関ケ原観光協会
☎0584-43-1600
米原観光協会
☎0749-58-2227

駅周辺情報

関ケ原駅周辺にはコンビニや飲食店が数軒あるが、旧街道に入ると自販機すらない。柏原駅周辺も地元の商店が数軒あるのみ。

▲古代三関の一つ、不破関跡。資料館もある

▲源義経の母、常盤御前のものと伝わる墓

▲東海道線と並んで今須峠を越える

▲今須の妙應寺には家康が腰掛けたという石が

▲関ケ原では至る所に戦国武将たちの痕跡が

関ケ原は中山道58番目の宿場というより、「天下分け目の合戦場」として世に知られている。古くは壬申の乱、そして戦国武将が陣を構えた古戦場跡を歩きながら、今須宿、柏原宿へと、美濃から近江の峠を越えて街道を歩く。

まずは**関ケ原駅**前にある関ケ原駅前観光交流館に立ち寄り、地図をもらって街道歩きの準備を。駅を出ると正面突き当たりが中山道の国道21号。国道を西へ進み、旧道に入ると**❶不破の関跡**がある。約1300年前の壬申の乱の後に設けられた古代三関の一つで、近くに不破の関資料館がある。再び国道を横切ると谷間の**❷山中集落**に入る。ここも関ケ原合戦の舞台で、若宮八幡神社の裏山に、誰よりも早く関ケ原に陣を築いた大谷吉継の陣跡があり、そこから小早川秀秋が陣を敷いた松尾山がよく見える。さらにその奥の山道を行くと木立の中に吉継の墓所がある。

そのまま旧道をゆき、黒血川を渡る。壬申の乱で流れた血が、川底の石を黒く染め

たことが名の由来。山里の景色を楽しみつつ、源義経の母・**❸常盤御前の墓**と伝わる小さな五輪塔を過ぎると、**❹今須峠**にさしかかる。峠を越えると国道沿いに一里塚跡碑があり、今須宿へ入る。街道沿いにある小学校の前庭がかつて本陣だったところ。国道と鉄道の隧道をくぐれば、県下最古の曹洞宗の**❺妙應寺**だ。境内には、関ケ原合戦の翌日、徳川家康が近江佐和山へ進軍する途中で一服したという腰掛石がある。宝物館には、関ケ原合戦大絵巻や、東西両軍の禁制などが常設されている。

今須宿の外れでJRの踏切を越えると岐阜・

▲美濃と近江の国境は「寝物語の里」とよばれる

▲東海道線の踏切を渡っていよいよ柏原宿に入る

▲重厚な建築の柏原宿歴史館。貴重な資料を展示

▲柏原宿は全長1.4kmにも及ぶ長い宿場町

▲ゴールの柏原駅からは伊吹山の雄姿が仰げる

滋賀の県境に出る。昔、美濃と近江の国境にある小さな溝を隔てて、2つの旅籠が並び立ち、旅人たちが寝ながら壁越しに世間話をしたことから❻「寝物語の里」とよばれる。今も両側に碑が立ち、細い溝が2つの国を隔てている。正月のお雑煮に入れる角餅（東）と丸餅（西）のように、このあたりが東西の文化の境目ともいわれる。

　風情ある楓並木を歩き、野瀬の踏切から

20mほどの地点が、東海道線で標高が最も高いところ。柏原の宿場の入口に照手姫笠掛け地蔵の祠がある。近江路に入って最初の宿場となる柏原は、眼前に伊吹山を望む。古くから薬草の産地として知られ、伊吹もぐさは街道名物だった。1.4kmにも及ぶ長い宿場なので、柏原駅前を過ぎて、その先まで宿場散策。大正6年建築の❼柏原宿歴史館は幾重にも重なる屋根組みが美しい。贅沢な和室に常設展示されている江戸時代の資料を見学、隣接している喫茶で一服。もと来た道を引き返し、柏原駅へ。

Data

●不破関資料館 ☎0584-43-2611、9〜16時30分、月曜・祝翌日休、110円
●妙應寺 ☎0584-43-5141、境内自由
●柏原宿歴史館 ☎0749-57-8020、月曜・祝翌日休、300円

立ち寄り S P O T

関ケ原駅前観光交流館 いざ！関ケ原
せきがはらえきまえかんこうこうりゅうかん いざせきがはら

関ケ原町の観光情報発信拠点。古戦場巡りの観光案内やコインロッカー、レンタサイクルのほかにも、ここでしか手に入らない戦国武将のオリジナルグッズや岐阜県の特産品も揃っている。「どん兵衛の東西セット」なども人気。休憩コーナーも併設されている。
☎0584-43-1100、9〜17時、火曜・祝日の翌日休

柏原宿歴史館
かしわばらじゅくれきしかん

中山道60番目の宿場として賑わった柏原宿の歴史館。昔の民家を改造した館内で、宿場の歴史を紹介。併設の喫茶柏では、柏原の特産品もぐさ灸（やいと）をとろろ昆布とショウガでイメージした「やいとうどん」がいただける。
☎0749-57-8020、9〜17時、月曜・祝日の翌日休（祝日が土・日曜の場合は火曜休）、300円

旧中山道

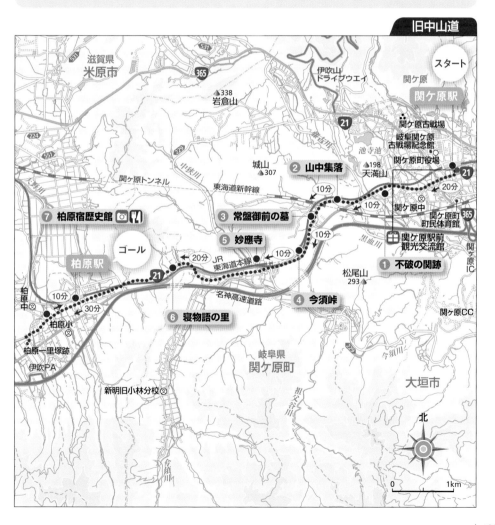

駅名索引